हुंकार

हुंकार

रामधारी सिंह 'दिनकर'

उदयाचल प्रकाशन, पटना की
ओर से

लोकभारती प्रकाशन

लोकभारती प्रकाशन
पहली मंजिल, दरबारी बिल्डिंग, महात्मा गांधी मार्ग
प्रयागराज-211 001

वेबसाइट : www.lokbhartiprakashan.com
ईमेल : info@lokbhartiprakashan.com

शाखाएँ : 1-बी, नेताजी सुभाष मार्ग, दरियागंज
नई दिल्ली-110 002
अशोक राजपथ, साइंस कॉलेज के सामने
पटना-800 006
1, अनमोल सोराबजी संतुक लेन, धोबी तलाव,
मरीन लाइंस, मुम्बई-400 002

पहला संस्करण : 1938
पुनर्नवा संस्करण : 2022
दूसरा संस्करण : 2024

मूल्य : ₹495

मुद्रक : विकास कंप्यूटर एंड प्रिंटर्स
ट्रॉनिका सिटी-201 102

HUNKAR
Poems by Ramdhari Singh 'Dinkar'

ISBN : 978-81-8031-356-1

क्रान्ति का कवि

राष्ट्रीय कविता की जो परम्परा 'भारतेन्दु' से प्रारम्भ हुई, उसकी परिणति हुई है 'दिनकर' में।

जबकि चारों ओर अन्धकार ही अन्धकार था, दरबार के विषाक्त वायुमंडल ने बेचारी कविता को बहू-बेटियों के नग्न-सौन्दर्य-वर्णन की बेहयाई मात्र बना रखा था, दूज के चाँद की तरह, एक पतली-सी प्रकाश-रेखा पश्चिम-क्षितिज पर दीख पड़ी। पहली बार लोगों ने सुना :

आवहु सब मिलि के रोवहु भारत-भाई

'भारत दुर्दशा' पर प्रकट की गई इस रुदन-ध्वनि का उत्तर दिया भारत पर अपनी जवानी और जिन्दगी कुर्बान कर देनेवाली महारानी लक्ष्मीबाई की प्यारी झाँसी के एक चिरगाँव ने। शायद, नगरों में वह हृदय न रह गया था, जो देश-माता के नाम के इस रुदन को सुन भी सके। वह गुलामी के पट्टे के चाकचिक्य पर मुग्ध हो रँगरलियाँ मना रहा था।

चिरगाँव ने अपनी पूरी 'भारती' को ही भारत के नाम पर उत्सर्ग करके आकांक्षा की :

भगवान्, भारतवर्ष में गूँजे हमारी भारती।

निस्सन्देह, उसकी भारती गूँजी, समूचे हिन्दी-भारत में गूँजी। शतपुरा की तलहटी तक गूँज उठी। नर्मदा-तट की एक कुटी में जलती हुई साधना

की धुनी की लपटों में ज्वार आया। रुदन-क्रन्दन, गूँज-गायन नहीं, एक ललकार देश के तरुणों के प्रति, जिसकी टेक थी : बलिदान, बलिदान! बलिदान भी कैसा!

सफलता पाई अथवा नहीं, उन्हें क्या ज्ञात है? दे चुके प्राण।
विश्व को चाहिए उच्च विचार? नहीं, केवल अपना बलिदान।

'भारतीय आत्मा' का यह आह्वान, और देश में सचमुच बलिदानों का एक ताँता लग गया। सूलियों की सेज, उछलती लाशें। माँ की बलिवेदी लाल हो रही थी।

इस लाल वेदी से एक लाल देवी का आविर्भाव अनिवार्य था। क्या आपकी आँखें उसे देख पाती हैं?

यदि वैसे आप देख नहीं पाते, तो 'दिनकर' के प्रकाश में देखें उसे।

जो पश्चिमी क्षितिज पर शान्त-स्निग्ध 'इन्दु' था, वह पूरब में 'दिनकर' होकर अभी-अभी उगा है। उसके प्रकाश में अरुणिमा है, तरुणाई की सूचना, या उस देवी की प्रतिच्छाया?

हमारे क्रान्ति-युग का सम्पूर्ण प्रतिनिधित्व कविता में, इस समय 'दिनकर' कर रहा है।

क्रान्तिवादी को जिन-जिन हृदय-मन्थनों से गुजरना होता है, 'दिनकर' की कविता उनकी सच्ची तसवीर रखती है।

क्रान्तिकारियों के भी दिल होता है, दिल में प्रेम नामक बिना व्याख्या की एक अनुभूति होती है; वह भी किसी को चाहता है, किसी पर अपने को न्योछावर करना चाहता है; बसन्त उसके दिल में भी गुदगुदी लाता है, बरसात उसके हृदयाकाश में भी कभी रिमझिम कर उठती है, सौन्दर्य चुम्बक की तरह उसकी आँखों को भी पकड़ लेता है।

लेकिन, वह करे तो क्या? उसी समय उनके कानों में कुछ दूसरी ही रागिनी बज उठती है, उसकी आँखें कुछ दूसरे ही दृश्य देखने लगती हैं :

रणित विषम रागिनी मरण की आज विकट हिंसा-उत्सव में,
दबे हुए अभिशाप मनुज के लगे उदित होने फिर भव में;
शोणित से रँग रही शुभ्र पट संस्कृति निठुर लिए करवालें,
जला रही निज सिंह-पौर पर दलित-दीन की अस्थि-मशालें।

और, उसे मालूम होता है, कोई शक्ति उसे बुला रही है—जगा रही है। यह कौन? यह तो वही है। वह झिझक उठता है, अरी :

यह कैसा आह्वान!
समय-असमय का तनिक न ध्यान।
तुम्हारी भरी सृष्टि के बीच
एक क्या तरल अग्नि ही पेय?
सुधा-मधु का अक्षय भांडार
एक मेरे ही हेतु अदेय?
'उठो', सुन उठूँ, हुई क्या देवि,
नींद भी अनुचर का अपराध?
'मरो', सुन मरूँ, नहीं क्या शेष
अभी दो-दिन जीने की साध?

लेकिन, दूसरे ही क्षण, वह प्रकृतिस्थ होता है। अरे, उसका जीवन तो समर्पित है! उस पर उसका क्या अधिकार? और, मानो वह गरज उठता है :

फेंकता हूँ लो, तोड़-मरोड़ अरी निष्ठुरे! बीन के तार,
उठा चाँदी का उज्ज्वल शंख फूँकता हूँ भैरव हुंकार।
नहीं जीते जी सकता देख विश्व में झुका तुम्हारा भाल,
वेदना-मधु का भी कर पान आज उगलूँगा गरल कराल।

गरल, गरल, गरल! क्रान्तिकारी की जिन्दगी में अमृत का स्थान कहाँ? और, हिन्दुस्तान की क्रान्ति आज जो नया रूप ले रही है, उससे भी वह अपरिचित नहीं। मालूम होता है, मानो, अब तो उसकी कविता

का वही प्रमुख प्रेरक है।

एक दिन उसकी कविता ने उससे मचल कर रहा था :

कवि! असाढ़ की इस रिमझिम में धन-खेतों में जाने दे;
कृषक-सुन्दरी के स्वर में अटपटे गीत कुछ गाने दे ;
दुखियों के केवल उत्सव में इस दम पर्व मनाने दे,
रोऊँगी खलिहानों में खेतों में तो हर्षाने दे।

लेकिन, अब तो वह खुद भी कहता है :

जेठ हो कि हो पूस, हमारे कृषकों को आराम नहीं है,
छुटे बैल से संग, कभी जीवन में ऐसा याम नहीं है।
मुख में जीभ, शक्ति भुज में, जीवन में सुख का नाम नहीं है,
वसन कहाँ? सूखी रोटी भी मिलती दोनों शाम नहीं है।

यही नहीं, वह उस दिन 'नई दिल्ली' को देखकर भी कह उठा था :

आहें उठीं दीन कृषकों की, मजदूरों की तड़प, पुकारें;
अरी, गरीबों के लोहू पर, खड़ी हुई तेरी दीवारें।

'नई दिल्ली' को उसने एक नवीन विशेषण भी दिया है :

कृषक-मेध की रानी दिल्ली!

कभी हमारे राजे अश्वमेध, गोमेध करते थे; नई दिल्ली कृषक-मेध करती है, वह उसकी रानी है।

सबसे बढ़कर हमारे आज के समाज में स्त्रियों की नग्नता और बच्चों की भूख— ये दो चीज़ें ऐसी हैं जो 'दिनकर' के भावुक हृदय को क्रान्ति के लिए सबसे अधिक प्रेरित करती हैं। अपने 'हाहाकार' में बच्चों की भूख और दूध के लिए उनकी चिल्लाहट का उसने ऐसा वर्णन किया है, जो पत्थर के दिल को भी पिघला सकता है :

कब्र-कब्र में अबुध बालकों की भूखी हड्डी रोती है,
'दूध-दूध' की कदम-कदम पर सारी रात सदा होती है।

'दूध-दूध' ओ वत्स, मन्दिरों में बहरे पाषाण यहाँ हैं!
'दूध-दूध', तारे, बोलो इन बच्चों के भगवान् कहाँ हैं?

भगवान् बहरें हों, तारे न बोलें—लेकिन कवि चुप बैठनेवाला नहीं। वह कहता है :

हटो व्योम के मेघ! पन्थ से स्वर्ग लूटने हम आते हैं,
'दूध-दूध', ओ वत्स, तुम्हारा दूध खोजने हम जाते हैं।

मालूम होता है, 'दिनकर' ने क्रान्ति को निकट से देखा है और उसने उसे एक अच्छा-सा नाम भी दे दिया है—'विपथगा'! विपथगा क्यों? वह खुद कहेगी :

मुझ विपथगामिनी को न ज्ञात
किस रोज, किधर से आऊँगी?

जिसके आने-जाने का ठौर-ठिकाना नहीं, उसका दूसरा क्या नाम हो?

इस विपथगा को कवि ने भारतीय रूप दिया है। यह सिर पर छत्र-मुकुट रखती है; कुमारी है, तो भी सिन्दूर लगाती है; आँखों में अंजन देती है और रंगीन चीर पहन कर नाचती है। लेकिन इसके मुकुट, सिन्दूर, अंजन और चीर—सब असाधारण हैं। कैसे?

मेरे मस्तक का छत्र-मुकुट वसु-काल-सर्पिणी के शत फण,
मुझ चिर-कुमारिका के ललाट पर नित्य नवीन रुधिर-चन्दन,
आँजा करती हूँ चिता-धूम का दृग में अन्ध-तिमिर अंजन,
संहार-लपट का चीर पहन नाचा करती मैं छूम-छनन।

और नाचना शुरू किया कि एक अजीब दृश्य :

पायल की पहली झनक, सृष्टि में कोलाहल छा जाता है,
पड़ते जिस ओर चरण मेरे, भूगोल उधर दब जाता है।

'भूगोल उधर दब जाता है'—आप इसे अत्युक्ति कहेंगे, लेकिन दुनिया का इतिहास इसका साक्षी है।

विश्व-साहित्य में क्रान्ति पर जितनी कविताएँ हैं, 'दिनकर' की 'विपथगा' उनमें से किसी के भी समकक्ष आदर का स्थान पाने की योग्यता रखती है।

क्रान्ति-सम्बन्धी उसकी दूसरी कविता 'दिगम्बरि' भी हिन्दी-संसार में जोड़ नहीं रखती। मालूम होता है, कवि आँखों, देखी, कानों, सुनी बात कह रहा है :

धरातल को हिला गूँजा धरणि में राग कोई,
तलातल से उभरती आ रही है आग कोई,
दिशा के बन्ध से झंझा विकल है छूटने को,
धरा के वक्ष से आकुल हलाहल फूटने को।

और, इस क्रान्ति के वाहन कौन होंगे? युवक ही तो? अत: 'दिनकर' एक मौका भी ऐसा नहीं जाने देता, जब वह इन युवकों से दो-दो बातें न कर ले। कभी वह उन्हें उलाहना देता है :

खेल रहे हिलमिल घाटी में कौन शिखर का ध्यान करे?
ऐसा वीर कहाँ कि शैल-रुह फूलों का मधु-पान करे।

कभी उन्हें वह चेतावनी देता है :

लेना अनल-किरीट भाल पर ओ आशिक होनेवाले,
कालकूट पहले पी लेना, सुधा-बीज बोनेवाले।

दोस्तो, याद रखो

धरकर चरण विजित श्रृंगों पर झंडा वही उड़ाते हैं,
अपनी उँगली पर जो खंजर की जंग छुड़ाते हैं।
पड़ा समय से होड़, खींच मत तलवों से काँटे रुक कर,
फूँक-फूँक चलती न जवानी चोटों से बचकर, झुककर।

उन्हें 'जय-यात्रा' के लिए उत्तेजित करते हुए, मानो, आखिरी बार कवि कहे देता है :

चल यौवन उद्दाम, चल, चल बिना विराम,
विजय-मरण, दो घाट, समर के बीच कहाँ विश्राम?

अन्त में एक बात।

जब मैंने राष्ट्रीय कविता के विकास के सिलसिले में भारतेन्दु, मैथिलीशरण, भारतीय आत्मा और दिनकर को लिया है, तो उसका मतलब यह नहीं कि इनके अतिरिक्त किसी ने देशमाता के चरणों पर अपनी श्रद्धांजलि चढ़ाई ही नहीं।

नहीं, यह कहना गुस्ताखी होगा—अक्षम्य अपराध होगा।

ये तो 'मील के पत्थर' मात्र हैं—खास दूरी के सूचक। बीच में और भी कितनी हीं प्रणम्य, नमस्य देव-मूर्त्तियाँ हैं; किन्तु बीच में ही। 'दिनकर' के आगे का मैदान अभी उसी का है। यह मेरा आज का दावा है। कल की बात मैं नहीं कहता।

—रामवृक्ष बेनीपुरी

काशी
रंगभरी, एकादशी
1995 वि.

आमुख

समय-ढूह की ओर सिसकते मेरे गीत विकल धाये;
आज खोजते उन्हें बुलाने वर्तमान के पल आये?

"शैल-शृंग चढ़ समय-सिन्धु के आर-पार तुम हेर रहे,
किन्तु, ज्ञात क्या तुम्हें, भूमि का कौन दनुज पथ घेर रहे?

दो वज्रों का घोष, विकट संघात धरा पर जारी है,
वह्नि-रेणु, चुन स्वप्न सजा लो, छिटक रही चिनगारी है।

रण की घड़ी, जलन की वेला, रुधिर-पंक में गान करो,
अपना साकल धरो कुंड में, कुछ तुम भी बलिदान करो।"

वर्तमान के हठी बाल ये रोते हैं, बिल्लाते हैं,
रह-रह हृदय चौंक उठता है, स्वप्न टूटते जाते हैं।

शृंग छोड़ मिट्टी पर आया, किन्तु, कहो क्या गाऊँ मैं?
जहाँ बोलना पाप, वहाँ क्या गीतों से समझाऊँ मैं?

विधि का शाप, सुरभि-साँसों पर लिखूँ चरित मैं क्यारी का,
चौराहे पर बँधी जीभ से मोल करूँ चिनगारी का?

यह बेबसी, गगन में भी छूता धरती का दाह मुझे,
ऐसा घमासान! मिट्टी पर मिली न अब तक राह मुझे।

तुम्हें चाह जिसकी, वह कलिका इस वन में खिलती न कहीं,
खोज रहा मैं जिसे, जिन्दगी वह मुझको मिलती न कहीं।

किन्तु, न बुझती जलन हृदय की, हाय, कहाँ तक हूक सहूँ?
बुलबुल सीना चाक करे औ' मैं फूलों-सा मूक रहूँ?
रण की घड़ी; जलन की वेला, तो मैं भी कुछ गाऊँगा,
सुलग रही यदि शिखा यज्ञ की, अपना हवन चढ़ाऊँगा।

'वर्तमान की जय' अभीत हो खुलकर मन की पीर बजे,
एक राग मेरा भी रण में, बन्दी की जंजीर बजे।
नई किरण की सखी, बाँसुरी के छिद्रों से लूक उठे,
साँस-साँस पर, खड्ग-धार पर नाच हृदय की हूक उठे।

नये प्रात के अरुण! तिमिर-उर में मरीचि-सन्धान करो,
युग के मूक शैल! उठ जागो, हुंकारो, कुछ गान करो।
किसकी आहट? कौन पधारा? पहचानो, टुक ध्यान करो।
जगो भूमि! अति निकट अनागत का स्वागत-सम्मान करो।

'जय हो', युग के देव पधारो! विकट, रुद्र, हे अभिमानी!
मुक्त-केशिनी खड़ी द्वार पर कब से भावों की रानी।
अमृत-गीत तुम रचो कलानिधि! बुनो कल्पना की जाली,
तिमिर-ज्योति की समर-भूमि का मैं चारण, मैं वैताली।

होलिकोत्सव, 1995 वि.

अनुक्रम

हुंकार

असमय आह्वान

[1]

समय-असमय का तनिक न ध्यान,
मोहिनी; यह कैसा आह्वान?

पहन मुक्ता के युग अवतंस,
रत्न-गुम्फित खोले कच-जाल,
बजाती मधुर चरण-मंजीर,
आ गई नभ में रजनी-बाल।

झींगुरों के सुन शिजन-नाद,
मिलन-आकुलता से द्युतिमान,
भेद प्राची का कज्जल-भाल,
बढ़ा ऊपर विधु वेपथुमान।

गया दिन धूलि-धूम के बीच
तुम्हारा करते जय-जयकार,
देखने आया था इस साँझ,
पूर्ण विधु का मादक शृंगार।

एक पल सुधा-वृष्टि के बीच
    जुड़ा पाए न क्लान्त मन-प्राण,
कि सहसा गूँज उठा सब ओर
    तुम्हारा चिर-परिचित आह्वान।

[2]

यह कैसा आह्वान!
समय-असमय का तनिक न ध्यान।

झुकी जातीं पलकें निस्पन्द
    दिवस के श्रम का लेकर भार,
रहें दृग में क्रम-क्रम से खेल
    नये, भोले, लघु स्वप्न-कुमार।

रक्त-कर्दम में दिन भर फूक
    रजत-शृंगी से भैरव नाद,
अभी लगता है कितना मधुर
    चाँदनी का सुनना संवाद!

दग्ध करती दिनभर सब अंग
    तुम्हारे मरु की जलती धूल;
निशा में ही खिल पाते देवि!
    कल्पना के उन्मादक फूल।

अन्य अनुचर सोये निश्चिन्त
    शिथिल परियों को करते प्यार;
रात में भी मुझपर ही पड़ा
    द्वार-प्रहरी का गुरुतम भार।

सुलाने आई गृह-गृह डोल
    नींद का सौरभ लिये बतास;
हुए खग नीड़ों में निस्पन्द,
    नहीं तब भी मुझको अवकाश!

ऊँघती इन कलियों को सौंप
    कल्पना के मोहक सामान;
पुनः चलना होगा क्या हाय,
    तुम्हारा सुन निष्ठुर आह्वान।

[3]

यह कैसा आह्वान!
समय-असमय का तनिक न ध्यान।

तुम्हारी भरी सृष्टि के बीच
    एक क्या तरल अग्नि ही पेय?
सुधा-मधु का अक्षय भांडार
    एक मेरे ही हेतु अदेय?

'उठो' सुन उठूँ, हुई क्या देवि,
    नींद भी अनुचर का अपराध?
'मरो' सुन मरूँ, नहीं क्या शेष
    अभी दो दिन जीने की साध?

विपिन के फूल-फूल में आज
    रही वासन्ती स्वयं पुकार;
अभी भी सुनना होगा देवि!
    दुखी धरणी का हाहाकार?

कम क्या एकमात्र वरदान?
सत्य ही क्या जीवन का श्रेय?
दग्ध, प्यासी अपनी लघु चाह
मुझे ही रही नहीं क्या गेय?

मचलता है उडुओं को देख
निकलने जब कोई अरमान;
तभी उठता बज अन्तर-बीच
तुम्हारा यह कठोर आह्वान!

[4]

यह कैसा आह्वान!
समय-असमय का तनिक न ध्यान।

चाँदनी में छिप किसकी ओट
पुष्पधन्वा ने छोड़े तीर?
बोलने लगी कोकिला मौन,
खोलने लगी हृदय की पीर?

लताएँ ले द्रुम का अवलम्ब
सजाने लगीं नया शृंगार;
प्रियक-तरु के पुलकित सब अंग
प्रिया का पाकर मधुमय भार।

नहीं यौवन का श्लथ आवेग
स्वयं वसुधा भी सकी सँभाल,
शिराओं का कम्पन ले दिया
सिहरती हरियाली पर डाल।

आज वृन्तों पर बैठे फूल
पहन नूतन, कर्वुर परिधान;
विपिन से लेकर सौरभ-भार
चला उड़ व्योम-ओर पवमान।

किया किसने यह मधुर स्पर्श?
विश्व के बदल गये व्यापार।
करेगी उतर व्योम से आज
कल्पना क्या भू पर अभिसार?

नील कुसुमों के वारिद-बीच
हरे पट का अवगुंठन डाल;
स्वामिनी! यह देखो, है खड़ी
पूर्व-परिचित-सी कोई बाल!

उमड़ता सुषमाओं को देख
आज मेरे दृग में क्यों नीर?
लगा किसका शर सहसा आन?
जगी अन्तर में क्यों यह पीर?

न जाने, किसने छूकर मर्म
जगा दी छवि-दर्शन की चाह;
न जाने, चली हृदय को छोड़
खोजने किसको सुरभित आह!

अचानक कौन गया कर क्षुब्ध
न जाने उर का सिन्धु अथाह?

जगा किसका यह मादक रोष
रोकने मुझ अजेय की राह?

न लूँगा आज रजत का शंख,
न गाऊँगा पौरुष का राग;
स्वामिनी! जलने दो उर-बीच
एक पल तो यह मीठी आग।

तपा लेने दो जी भर आज
वेदना में प्राणों के गान;
कनक-सा तपकर पीड़ा-बीच
सफल होगा मेरा बलिदान।

चन्द्र-किरणों ने खोले आज
रुद्ध मेरी आहों के द्वार;
मनाने आ बैठा एकान्त
मधुरता का नूतन त्योहार।

शिथिल दृग में तन्द्रा का भार,
हृदय में छवि का मादक ध्यान;
वेदना का सम्मुख मधु पर्व,
और तब भी दारुण आह्वान।

[7]

यह कैसा आह्वान!
समय-असमय का तनिक न ध्यान।

चाँदनी की अलकों में गूँथ
छोड़ दूँ क्या अपने अरमान?
आह! कर दूँ कलियों में बन्द
मधुर पीड़ाओं का वरदान?

देवि, कितना कटु सेवा-धर्म!
न अनुचर को निज पर अधिकार,
न छिपकर भी कर पाता हाय!
तड़पते अरमानों को प्यार।

हँसो, हिल-डुल वृन्तों के दीप!
हँसो, अम्बर के रत्न अनन्त!
हँसो, हिल-मिलकर लता-कदम्ब!
तुम्हें मंगलमय मधुर वसन्त!

चीरकर मध्य निशा की शान्ति
कोकिले, छेड़ो पंचम तान;
पल्लवों में तुम से भी मधुर
सुला जाता हूँ अपने गान।

भिंगोएगी वन के सब अंग
रोर कर जब अबकी बरसात,
बजेगा इन्हीं पल्लवों बीच
विरह मेरा तब सारी रात।

फेंकता हूँ, लो, तोड़-मरोड़
अरी निष्ठुरे! बीन के तार;
उठा चाँदी का उज्ज्वल शंख
फूँकता हूँ भैरव - हुंकार।

नहीं जीते-जी सकता देख
विश्व में झुका तुम्हारा भाल;
वेदना-मधु का भी कर पान
आज उगलूँगा गरल कराल।

सोख लूँ बनकर जिसे अगस्त्य
कहाँ बाधक वह सिन्धु अथाह?
कहो, खांडव-वन वह किस ओर
आज करना है जिसका दाह?

फोड़ पैठूँ अनन्त पाताल?
लूट लाऊँ वासव का देश?
चरण पर रख दूँ तीनों लोक?
स्वामिनी! करो शीघ्र आदेश।

किधर होगा अम्बर में दृश्य
देवता का रथ अब की बार?
शृंग पर चढ़कर जिसके हेतु
करूँ नव स्वागत-मन्त्रोच्चार?

चाहती हो बुझना यदि आज
होम की शिखा बिना सामान?
अभय दो, कूद पड़ूँ जय बोल,
पूर्ण कर लूँ अपना बलिदान।

उगे जिस दिन प्राची की ओर
तुम्हारी जय का स्वर्ण विहान,
उगे अंकित नभ पर यह मन्त्र,
'स्वामिनी का असमय आह्वान।'

स्वर्ग-दहन

मेरी ध्वनि के छा गए त्रिदिव में प्रतिध्वान,
सुरवर्त्म स्तब्ध, रुक गया विभावसु का विमान।

मन्दार तप्त, तप रहा सुरों का गन्धवाह,
भ्रम रहा स्वर्ग में स्वरारूढ़ भू का प्रदाह।

दृग्विद्ध विवश फट रहा छिन्न घन-सा प्रकाश,
गुंजित अम्बर के रन्ध्र-रन्ध्र में अग्नि-हास।

मेरे मानस के वह्निकुंड में दह्यमान,
सुर समझ रहे, मानव के कितने विकल प्राण।

ज्वालाकण बन उड़ रही चतुर्दिक् कुसुम-रेणु,
दिव चकित सोच, किसने फूकी यह वह्नि-वेणु।

कोई कहता, खुल गया नरक का अनल-द्वार;
कुछ को भ्रम, जागा विरूपाक्ष का अहंकार।

सुरपति को भय, आया सुरद्विष फिर महाकार;
बोला विधु, 'यह अम्बर के नीचे की पुकार।'

टिक बीच पंथ में मिहिर सोचता लगा ध्यान,
धरती पर ऐसा जीव कौन मेरे समान—

कढ़ शिखा-सदृश जिसके अन्तर की विपुल आह
करने आई अम्बर पर चढ़ कर स्वर्ग-दाह?

□

मृत्तिका-पुत्र मैंने मिट्टी का पिया क्षीर,
मिट्टी में मिल जानेवाला मेरा शरीर।

तू सत्य सोचता विभापुंज ओ विवस्वान,
धरती पर कोई जीव नहीं तेरे समान।

दिव-दाह देखना किसी काल मेरा न ध्येय,
अपरार्क कहा, लेना न चाहता मृषा श्रेय।

वंशी पर मैं फूँकता हृदय की करुण हूक,
जाने क्यों शब्दों से उठती है लपट-लूक!

धरती से तेरा स्वर्ग बसा है बहुत दूर,
जल जाए अगर तो क्या इसमें मेरा कसूर?

आलोकधन्वा

ज्योतिर्धर कवि मैं ज्वलित सौर-मंडल का,
मेरा शिखंड अरुणाभ, किरीट अनल का।

रथ में प्रकाश के अश्व जुते हैं मेरे
किरणों में उज्ज्वल गीत गुँथे हैं मेरे!

मैं उदय-प्रान्त का सिंह प्रदीप्त विभा से,
केसर मेरे बलते हैं कनक-शिखा से।

ज्योतिर्मयि अन्त:शिखा अरुण है मेरी,
हैं भाव अरुण, कल्पना अरुण है मेरी।

पाया निसर्ग ने मुझे पुण्य के फल-सा,
तम के सिर पर निकला मैं कनक-कमल-सा।

हो उठा दीप्त धरती का कोना-कोना,
जिसको मैंने छू दिया हुआ वह सोना।

रँग गई घास पर की शबनम की प्याली,
हो गई लाल कुहरे की झीनी जाली।

मेरे दृग का आलोक अरुण जब छलका,
बन गईं घटाएँ बिम्ब उषा-अंचल का।

उदयाचल पर आलोक-शरासन ताने,
आया मैं उज्ज्वल गीत विभा के गाने।

ज्योतिर्धनु की शिंजिनी बजा गाता हूँ,
टंकार-लहर अम्बर में फैलाता हूँ।

किरणों के मुख में विभा बोलती मेरी,
लोहिनी कल्पना उषा खोलती मेरी।

मैं विभापुत्र, जागरण गान है मेरा,
जग को अक्षय आलोक-दान है मेरा।

कोदंड-कोटि पर स्वर्ग लिये चलता हूँ,
कर-गत दुर्लभ अपवर्ग किये चलता हूँ।

आलोक-विशिख से वेध जगा जन-जन को,
सजता हूँ नूतन शिखा जला जीवन को!

जड़ को उड़ने की पाँख दिये देता हूँ,
चेतन के मन को आँख दिये देता हूँ।

दौड़ा देता हूँ तरल आग नस-नस में,
रहने देता बल को न बुद्धि के बस में।

स्वर को कराल हुंकार बना देता हूँ,
यौवन को भीषण ज्वार बना देता हूँ।

शूरों के दृग अंगार बना देता हूँ,
हिम्मत को ही तलवार बना देता हूँ।

लोहू में देता हूँ वह तेज रवानी,
जूझती पहाड़ों से हो अभय जवानी।

मस्तक में भर अभिमान दिया करता हूँ,
पतनोन्मुख को उत्थान दिया करता हूँ।

म्रियमाण जाति को प्राण दिया करता हूँ,
पीयूष-प्रभा-मय गान दिया करता हूँ।

जो कुछ ज्वलन्त हैं भाव छिपे नर-नर में,
है छिपी विभा उनकी मेरे खर शर में।

किरणें आती हैं समय-वक्ष से कढ़ के,
जाती है अपनी राह धनुष पर चढ़ के।

हूँ जगा रहा आलोक अरुण बाणों से,
मरघट में जीवन फूँक रहा गानों से।

मैं विभा-पुत्र, जागरण गान है मेरा,
जग को अक्षय आलोक दान है मेरा।

चाह एक

मैं खोज रहा हूँ तिमिर-बीच कब से ज्योतिर्मय दाह एक,
बल उठे किसी दिशि वह्नि-राशि, ले-देकर मेरी चाह एक।

[1]

हो गई शान्त धरणी सभीत, फट-चिट, हिल-डुलकर एक बार,
रवगुण अम्बर हो गया मौन, बस, घहर-गरज कर एक बार
ऐसी जड़ता किस भाँति सहे कब तक कोई चैतन्य जीव,
अन्तर में लेकर आग और आँखों में सिन्धु अथाह एक?
बल उठे किसी दिशि वह्नि-राशि, ले-देकर मेरी चाह एक!

[2]

सूखी सरिता, सूखे समुद्र, धूसर अम्बर से मुझे प्यार,
यह भी क्या भाव-भरी झाँकी, धरती की छाती में दरार!
वासना एकरस नहीं, बदल अपने मुख का प्राचीन स्वाद,
बह चुकी मलयवह वायु बहुत, बह जाए आज विष-वाह एक।
बल उठे किसी दिशि वह्नि-राशि ले-देकर मेरी चाह एक।

[3]

चक्खूँगा मैं सब एक-एक तीखे, मीठे, फल तोड़-तोड़,
हो अमृत या कि विष-लता, सभी का रस लूँगा कुछ-कुछ निचोड़।
मैं दूर नहीं रहने आया, संघर्ष-बीच दो मुझे स्थान।
भुज भर जीवन को भेंट सकूँ, मेरे मन में उत्साह एक।
बल उठे किसी दिशि वह्नि-राशि, ले-देकर मेरी चाह एक।

[4]

स्वातन्त्र्य, पूजता मैं न तुझे इसलिए कि तू सुख-शान्ति-रूप,
हाँ, उसे पूजता, जो चलता तेरे आगे नित क्रान्ति-रूप।
मुझमें उसका बल, तेज, रोष, तेरे दिल में जिसका निनाद,
विप्लव का जो है तूर्य-नाद, मेरे दिल की वह आह एक।
बल उठे किसी दिशि वह्नि-राशि, ले-देकर मेरी चाह एक।

[5]

क्या सुनूँ, बोलतीं क्या नन्ही फूलों की पंखड़ियाँ अजान?
हूँ खड़ा मुन्तज़िर, बोलेंगी किस दिन गिरि की दरियाँ महान।
अरमान एक यह शेष, कभी भूधर के प्राण पसीज उठें,
पत्थर की छाती फोड़ बहे व्याकुल उद्दाम प्रवाह एक।
बल उठे किसी दिशि वह्नि-राशि, ले-देकर मेरी चाह एक।

[6]

जा रहा बीतता हवन-लग्न, करवटें चुका ले शेष-व्याल,
मेरे मानस के इष्टदेव, आओ खोले निज जटा-जाल,
यह आमन्त्रण उसका, न मोहने को जिनको हैं धरा-धाम,
हैं सीख चुके ये निःस्व वीर, है दहन मुक्ति की राह एक।
बल उठे किसी दिशि वह्नि-राशि, ले-देकर मेरी चाह एक।

हाहाकार

दिव की ज्वलित शिखा-सी उड़ तुम जब से लिपट गईं जीवन में,
तृषावन्त मैं घूम रहा कविते! तब से व्याकुल त्रिभुवन में।

उर में दाह, कंठ में ज्वाला, सम्मुख यह प्रभु का मरुथल है,
जहाँ पथिक जल की झाँकी में एक बूँद के लिए विकल है!

घर-घर देखा धुआँ धरा पर, सुना विश्व में आग लगी है,
जल-ही-जल जन-जन रटता है, कंठ-कंठ में प्यास जगी है।

सूख गया रस श्याम गगन का एक घूँट विष जग का पीकर;
ऊपर-ही-ऊपर जल जाते सृष्टि-ताप से पावस-सीकर।

मनुज-वंश के अश्रु-योग से जिस दिन हुआ सिन्धु-जल खारा!
गिरि ने चीर लिया निज उर, मैं ललक पड़ा लख जल की धारा!

पर, विस्मित रह गया, लगी पीने जब वही मुझे सुधि खोकर,
कहती: 'गिरि को फाड़ चली हूँ मैं भी बड़ी पिपासित होकर।'

यह वैषम्य नियति का मुझपर, किस्मत बड़ी धन्य उन कवि की,
जिनके हित कविते! बनतीं तुम झाँकी नग्न अनावृत छवि की।

दुखी विश्व से दूर जिन्हें लेकर आकाश-कुसुम के वन में,
खेल रहीं तुम अलस जलद-सी किसि दिव्य नन्दन-कानन में।

भूषण-वसन जहाँ कुसुमों के, कहीं कुलिश का नाम नहीं है,
दिन भर सुमन-हार-गुम्फन को छोड़ दूसरा काम नहीं है।

वही धन्य, जिसको लेकर तुम बसीं कल्पना के शतदल पर,
जिसका स्वप्न तोड़ पाती है मिट्टी नहीं चरण-तल बजकर।

मेरी भी यह चाह, विलासिनि! सुन्दरता को शीश झुकाऊँ,
जिधर-जिधर मधुमयी बसी हो, उधर वसन्तानिल बन धाऊँ।

एक चाह कवि की यह देखूँ—छिपकर कभी पहुँच मालिनि-तट,
किस प्रकार चलती मुनि-बाला यौवनवती लिये कटि पर घट।

झाँकूँ उस माधवी-कुंज में, जो बन रहा स्वर्ग कानन में,
प्रथम परस की जहाँ लालिमा सिहर रही तरुणी-आनन में।

जनारण्य से दूर स्वप्न में मैं भी निज संसार बसाऊँ,
जग का आर्त्तनाद सुन अपना हृदय फाड़ने से बच जाऊँ।

मिट जाती ज्यों किरण विहँस सारा दिन कर लहरों पर झिलमिल,
खो जाऊँ त्यों हर्ष मनाता, मैं भी निज स्वप्नों से हिलमिल।

पर नभ में न कुटी बन पाती, मैंने कितनी युक्ति लगाई,
आधी मिटती कभी कल्पना, कभी उजड़ती बनी-बनाई।

रह-रह पंखहीन खग-सा मैं गिर पड़ता भू ही हलचल में,
झटिका एक बहा ले जाती स्वप्न-राज्य आँसू के जल में।

कुपित देव की शाप-शिखा जब विद्युत् बन सिर पर छा जाती,
उठता चीख हृदय विद्रोही, अन्ध भावनाएँ जातीं।

निरख प्रतीची-रक्त-मेघ में अस्त-प्राय रवि का मुखमंडल,
पिघल-पिघल कर चू पड़ता है दृग से क्षुभित, विवश अन्तस्तल।

रणित विषम रागिनी मरण की आज विकट हिंसा-उत्सव में;
दबे हुए अभिशाप मनुज के लगे उदित होने फिर भव में।

शोणित से रंग रही शुभ्र पट संस्कृति निठुर लिए करवालें,
जला रही निज सिंहपौर पर दलित-दीन की अस्थि-मशालें।

घूम रही सभ्यता दानवी, 'शान्ति! शान्ति' करती भूतल में,
पूछे कोई, भिंगो रही वह क्यों अपने विष-दन्त गरल में।

टाँक रही हो सुई चर्म, पर, शान्त रहें हम तनिक न डोलें;
यही शान्ति, गरदन कटती हो, पर, हम अपनी जीभ न खोलें?

बोलें कुछ मत क्षुधित, रोटियाँ श्वान छीन खाएँ यदि कर से;
यही शान्ति, जब वे आएँ, हम निकल जाएँ चुपके निज घर से?

हब्शी पढ़ें पाठ संस्कृति के खड़े गलियों की छाया में;
यही शान्ति, वे मौन रहें जब आग लगे उनकी काया में।

चूस रहे हों दनुज रक्त, पर, हों मत दलित प्रबुद्ध कुमारी?
हो न कहीं प्रतिकार पाप का, शान्ति या कि यह युद्ध कुमारी!

जेठ हो कि हो पूस, हमारे कृषकों को आराम नहीं है;
छुटे बैल के संग, कभी जीवन में ऐसा याम नहीं है।

मुख में जीभ, शक्ति भुज में, जीवन में सुख का नाम नहीं है,
वसन कहाँ? सूखी रोटी भी मिलती दोनों शाम नहीं है।

विभव-स्वप्न से दूर, भूमि पर यह दुःखमय संसार कुमारी!
खलिहानों में जहाँ मचा करता है हाहाकार कुमारी!

बैलों के ये बन्धु, वर्ष भर क्या जानें, कैसे जीते हैं?
जुबाँ बन्द, बहती न आँख, गम खा, शायद आँसू पीते हैं?

पर, शिशु का क्या हाल, सीख पाया न अभी जो आँसू पीना?
चूस-चूस सूखा स्तन माँ का सो जाता रो-बिलप नगीना।

विवश देखती माँ, अंचल से नन्ही जान तड़प उड़ जाती;
अपना रक्त पिला देती यदि फटती आज वज्र की छाती।

कब्र-कब्र में अबुध बालकों की भूखी हड्डी रोती है;
'दूध, दूध!' की कदम-कदम पर सारी रात सदा होती है।

'दूध, दूध!' ओ वत्स! मन्दिरों में बहरे पाषाण यहाँ हैं;
'दूध, दूध!' तारे, बोलो, इन बच्चों के भगवान् कहाँ हैं?

'दूध, दूध!' दुनिया सोती है, लाऊँ दूध कहाँ, किस घर से?
'दूध, दूध!' हे देव गगन के! कुछ बूँदें टपका अम्बर से।

'दूध, दूध!' गंगा, तू ही अपने पानी को दूध बना दे।
'दूध, दूध!' उफ़्! है कोई, भूखे मुर्दों को जरा मना दे?

'दूध, दूध!' फिर "दूध!" अरे, क्या याद दूध की खो न सकोगे?
'दूध, दूध!' मरकर भी क्या तुम बिना दूध के सो न सकोगे?

वे भी यहीं, दूध से जो अपने श्वानों को नहलाते हैं!
ये बच्चे भी यहीं, कब्र में 'दूध, दूध'! जो चिल्लाते हैं!

बेकसूर, नन्हे देवों का शाप विश्व पर पड़ा हिमालय!
हिला चाहता मूल विश्व का, देख रहा क्या खड़ा हिमालय?

'दूध, दूध!' फिर सदा कब्र की, आज दूध लाना ही होगा;
जहाँ दूध के घड़े मिलें, उस मंजिल पर जाना ही होगा।

जय मानव की धरा साक्षिणी! जय विशाल अम्बर की जय हो!
जय गिरिराज! विन्ध्य-गिरि जय-जय! हिन्द महासागर की जय हो!

हटो व्योम के मेघ, पंथ से, स्वर्ग लूटने हम आते हैं,
'दूध, दूध!' ओ वत्स! तुम्हारा दूध खोजने हम जाते हैं।

दिगम्बरि!

उदय-गिरि पर पिनाकी का कहीं टंकार बोला;
दिगम्बरि! बोल, अम्बर में किरण का तार बोला।

[1]

तिमिर के भाल पर चढ़कर विभा के बाणवाले;
खड़े हैं मुन्तज़िर कब से नये अभियानवाले।

प्रतीक्षा है, सुनें कब व्यालिनि! फुंकार तेरा;
विदारित कब करेगा व्योम को हुंकार तेरा?

दिशा के बन्ध से झंझा विकल है छूटने को;
धरा के वक्ष से आकुल हलाहल फूटने को।

कलेजों से लगी बत्ती कहीं कुछ जल रही है;
हवा की साँस पर बेताब-सी कुछ चल रही है।

धराधर को हिला गूँजा धरणि में राग कोई,
तलातल से उभरती आ रही है आग कोई।

क्षितिज के भाल पर नव सूर्य के सप्ताश्व बोले।
चतुर्दिक् भूमि के उत्ताल पारावार बोले।

नये युग की भवानी, आ गई वेला प्रलय की,
दिगम्बरि! बोल, अम्बर में किरण का तार बोला।

[2]

थकी बेड़ी क़फ़स की हाथ में सौ बार बोली,
हृदय पर झनझनाती टूटकर तलवार बोली।

कलेजा मौत ने जब-जब टटोला इम्तिहाँ में,
ज़माने को तरुण की टोलियाँ ललकार बोलीं।

पुरातन और नूतन वज्र का संघर्ष बोला;
विभा-सा कौंधकर भू का नया आदर्श बोला;

नवागम-रोर से जागी बुझी, ठंडी चिता भी,
नई श्रृंगी उठाकर वृद्ध भारतवर्ष बोला।

दरारें हो गईं प्राचीर में बन्दी-भवन के,
हिमालय की दरी का सिंह भीमाकार बोला।

नये युग की भवानी, आ गई वेला प्रलय की,
दिगम्बरि! बोल, अम्बर में किरण का तार बोला।

[3]

लगी है धूल को परवाज़, उड़ती छा रही है,
कड़कती दामिनी, झंझा कहीं से आ रही है।

घटा-सी दीखती जो, वह उमड़ती आह मेरी,
खड़ी जो विश्व का पथ रोक, वह है चाह मेरी।

सजीं चिनगारियाँ, निर्भय प्रभंजन मग्न आया,
कयामत की घड़ी आई, प्रलय का लग्न आया।

दिशा गूँजी, बिखरता व्योम में उल्लास आया,
नये युगदेव का नूतन कटक लो! पास आया।

पहन द्रोही-कवच रण में युगों के मौन बोले,
ध्वजा पर चढ़ अनागत धर्म का हुंकार बोला।

नए युग की भवानी, आ गई वेला प्रलय की।
दिगम्बरि! बोल, अम्बर में किरण का तार बोला।

[4]

हृदय का लाल रस हम वेदिका में दे चुके हैं!
विहँसकर विश्व का अभिशाप सिर पर ले चुके हैं!

परीक्षा में रुचे, वह कौन हम उपहार लाएँ?
बता, इस बोलने का मोल हम कैसे चुकाएँ?

युगों से हम अनय का भार ढोते आ रहे हैं;
न बोली तू मगर, हम रोज मिटते जा रहे हैं।

पिलाने को कहाँ से रक्त लाएँ दानवों को?
नहीं क्या स्वत्व है प्रतिशोध का हम मानवों को?

जरा तू बोल तो, सारी धरा हम फूँक देंगे;
पड़ा जो पंथ में गिरि, कर उसे दो टूक देंगे।

कहीं कुछ पूछने बूढ़ा विधाता आज आया;
कहेंगे, हाँ, तुम्हारी सृष्टि को हमने मिटाया।

जिला फिर पाप को, टूटी धरा यदि जोड़ देंगे;
बनेगा जिस तरह, उस सृष्टि को हम फोड़ देंगे।

हृदय की वेदना बोली लहू बन लोचनों में;
उठाने मृत्यु का घूँघट हमारा प्यार बोला।

नये युग की भवानी, आ गई वेला प्रलय की;
दिगम्बरि! बोल, अम्बर में किरण का तार बोला।

अनल-किरीट

लेना अनल-किरीट भाल पर ओ आशिक होनेवाले!
कालकूट पहले पी लेना, सुधा-बीज बोनेवाले!

[1]

धरकर चरण विजित शृंगों पर झंडा वही उड़ाते हैं,
अपनी ही उँगली पर जो खंजर की जंग छुड़ाते हैं।

पड़ी समय से होड़, खींच मत तलवों से काँटें रुककर,
फूँक-फूँक चलती न जवानी चोटों से बचकर, झुककर,

नींद कहाँ उनकी आँखों में जो धुन के मतवाले हैं?
गति की तृषा और बढ़ती, पड़ते पद में जब छाले हैं।

जागरूक की जय निश्चित है, हार चुके सोनेवाले;
लेना अनल-किरीट भाल पर जो आशिक़ होनेवाले!

[2]

जिन्हें देखकर डोल गई हिम्मत दिलेर मरदानों की;
उन मौजों पर चली जा रही किश्ती कुछ दीवानों की।

बेफ़िक्री का समाँ कि तूफाँ में भी एक तराना है,
दाँतों उँगली धरे खड़ा अचरज से भरा ज़माना है।

अभय बैठ ज्वालामुखियों पर अपना मन्त्र जगाते हैं,
ये हैं, वे, जिनके जादू पानी में आग लगाते हैं!

रूह ज़रा पहचान रखें इनकी जादू-टोनेवाले,
लेना अनल-किरीट भाल पर ओ आशिक़ होनेवाले!

[3]

तीनों लोक चकित सुनते हैं, घर-घर यही कहानी है,
खेल रही नेज़ों पर चढ़कर रस से भरी जवानी है।

भू सँभले, हो सजग स्वर्ग, यह दोनों की नादानी है।
मिट्टी का नूतन पुतला यह अल्हड़ है, अभिमानी है।

अचरज नहीं, खींच ईंटें यह सुरपुर को बर्बाद करे।
अचरज नहीं, लूट जन्नत वीरानों को आबाद करे।

तेरी आस लगा बैठे हैं पा-पाकर खोनेवाले।
लेना अनल-किरीट भाल पर ओ आशिक़ होने वाले!

[4]

सँभले जग, खिलवाड़ नहीं अच्छा चढ़ते-से पानी से,
याद हिमालय को, भिड़ना कितना है कठिन जवानी से।

ओ महादेश! बुरा फल है शूरों के शोणित पीने का;
देना होगा तुम्हें एक दिन गिन-गिन मोल पसीने का।

कल होगा इंसाफ़, यहाँ किसने क्या किस्मत पाई है।
अभी नींद से जाग रहा युग, यह पहली अँगड़ाई है।

मंजिल दूर नहीं अपनी, दुख का बोझा ढोनेवाले!
लेना अनल-किरीट भाल पर ओ आशिक़ होनेवाले।

भीख

दाता से मैं माँगता तुम्हारे लिए भीख,
जीवन का पहला सत्य, दहन, तुम सको सीख।

दिन-रात जलाती रहे लहू की तुम्हें आग,
मन के सोये तूफ़ान तुम्हारे उठें जाग।

लहरों से, उलझे लड़ो, बढ़ो, तुम फूल-फूल।
मुझ-सा ही तुमको मिले महोदधि का न कूल।

घाटी के निर्झर बढ़ो, बनो नद महाकार,
मत लो विराम, मत रचो कहीं अपनी कछार।

देखो, अम्बर छू रहा शिखर उन्नत, अभंग,
उससे भी ऊपर उड़े, तुम्हें लेकर उमंग।

भीतर की दारुण शिखा जलाती रहे प्राण,
फूँके चिनगारी असन्तोष की वर्तमान।

दृग से शोणित के झरें अश्रु सायं-प्रभात,
जीवन में हो हर रोज़ तुम्हारे अशनि-पात।

देवता दिखा दर्पण अदृष्ट का तुम्हें क्रान्त।
कर दें जीवन को और अधिक दुस्सह, अशान्त।

पारस-सी कोई चीज़ ज़ीस्त की बड़ी देन,
तड़पे दिल में, लेने न कभी दे तुम्हें चैन।

दाता से मैं माँगता भीख अंजलि पसार,
जीवन में जो कुछ भीष्म, उसे कर सको प्यार।

अंगारों-से तुम रहो ज्वलित जाग्रत-विमर्श।
देखे जग, पर, भयवश न कभी कर सके स्पर्श।

जीवन के आविल दुरित जला दे वह्नि-कील,
बेचैन हृदय से कढ़े तारिका नृत्यशील।

वन-फूलों की ओर

[1]

आज न उडु के नील कुंज में स्वप्न खोजने जाऊँगी;
आज चमेली में न चन्द्र किरणों से चित्र बनाऊँगी;
अधरों में मुस्कान न लाली बन कपोल में छाऊँगी;
कवि, किस्मत पर भी न तुम्हारी, आँसू आज बहाऊँगी;
नालन्दा वैशाली में तुम रुला चुके सौ बार,
धूसर भुवन-स्वर्ग ग्रामों में कर पाई न विहार!
आज यह राजवाटिका छोड़
चलो कवि! वनफूलों की ओर।

[2]

चलो, जहाँ निर्जन कानन में वन्य कुसुम मुसकाते हैं,
मलयानिल भूलता, भूलकर जिधर नहीं अलि जाते हैं।
कितने दीप बुझे झाड़ी-झुरमुट में ज्योति पसार,
चले शून्य में सुरभि छोड़कर कितने कुसुम-कुमार!
कब्र पर मैं कवि रोऊँगी,
जुगुनु-आरती सँजोऊँगी।

[3]

जला मृत्तिका-दीप, करूँगी महल छोड़ तृण-कुटी-प्रवेश;
तुम गाँवों के बनो भिखारी, मैं भिखारिनी का लूँ वेश।
स्वर्णांचला अहा! खेतों में उतरी सन्ध्या श्यामपरी,
रोमन्थन करती गायें आ रहीं रौंदती घास हरी।

घर-घर से उठ रहा धुआँ, जलते चूल्हे बारी-बारी,
चौपालों में कृषक बैठ गाते—'कहँ अटके बनवारी?'

पनघट से आ रही पीत-वसना युवती सुकुमार,
किसी भाँति ढोती गागर; यौवन का दुर्वह भार!

बनूँगी मैं कवि! इसकी माँग,
कलश, काजल, सिन्दूर, सुहाग।

[4]

वन-तुलसी की गन्ध लिये हलकी पुरवैया आती है;
मन्दिर की घंटा-ध्वनि युग-युग का सन्देश सुनाती है;

टिम-टिम दीपक के प्रकाश में पढ़ते निज पोथी शिशुगण;
परदेसी की प्रिया बैठ गाती यह विरह-गीत उन्मन—

'भैया! लिख दे एक कलम खत मो बालम के जोग,
चारों कोने खेम-कुसल माँझे ठाँ मोर वियोग।'

दूतिका मैं बन जाऊँगी,
सखी! सुधि उन्हें सुनाऊँगी।

[7]

पहन शुक्र का कर्णफूल है दिशा अभी भी मतवाली;
रहते रात रमणियाँ आईं, ले-ले फूलों की डाली;
स्वर्ग-स्रोत, करुणा की धारा, भारत-माँ का पुण्य तरल
भक्ति-अश्रु-धारा-सी निर्मल गंगा बहती है अविरल।

लहर-लहर पर लहराते हैं मधुर प्रभाती गान,
भुवन स्वर्ग बन रहा, उड़े जाते ऊपर को प्राण।

पुजारिन की बन कंठ-हिलोर,
भिंगो दूँगी अग-जग का छोर।

[6]

कवि! असाढ़ की इस रिमझिम में धनखेतों में जाने दो;
कृषक-सुन्दरी के स्वर में अटपटे गीत कुछ गाने दो।

दुखियों के केवल उत्सव में इस दम पर्व मनाने दो;
रोऊँगी खलिहानों में, खेतों में तो हर्षाने दो।

मैं बच्चों के संग जरा खेलूँगी, दूब-बिछौने पर;
मचलूँगी मैं ज़रा इन्द्र-धनु के रंगीन खिलौने पर।

तितली के पीछे दौड़ूँगी, नाचूँगी दे-दे ताली;
मैं मकई की सुरभि बनूँगी, पके आम-फल की लाली।

वेणु-कुंज में जुगनू बन मैं इधर-उधर मुसकाऊँगी;
हरसिंगार की कलियाँ बनकर वधुओं पर झड़ जाऊँगी।

सूखी रोटी खाएगा जब कृषक खेत में धरकर हल
तब दूँगी मैं तृप्ति उसे, बनकर लोटे का गंगाजल।

उसके तन क़ा दिव्य स्वेदकण बनकर गिरती जाऊँगी;
और खेत में उन्हीं कणों-से मैं मोती उपजाऊँगी।

शस्य-श्यामता निरख करेगा कृषक अधिक जब अभिलाषा;
तब मैं उसके हृदय-स्रोत में उमड़ूँगी बनकर आशा।

अर्द्धनग्न दम्पती के गृह में मैं झोंका बन जाऊँगी;
लज्जित हों न अतिथि-सम्मुख वे, दीपक तुरत बुझाऊँगी।

ऋण-शोधन के लिए दूध-घी बेच-बेच धन जोड़ेंगे।
बूँद-बूँद बेचेंगे, अपने लि़ए नहीं कुछ छोड़ेंगे।

शिशु मचलेंगे दूध देख, जननी उनको बहलाएगी,
मैं फाड़ूँगी हृदय, लाज से आँख नहीं रो पाएगी।

इतने पर भी धनपतियों की उनपर होगी मार,
तब मैं बरसूँगी बन बेबस के आँसू सुकुमार।

फटेगा भू का हृदय कठोर,
चलो, कवि! वन-फूलों की ओर।

शब्द-बेध

खेल रहे हिलमिल घाटी में कौन शिखर का ध्यान करे?
ऐसा वीर कहाँ कि शैलरुह फूलों का मधुपान करे?

लक्ष्यबेध है कठिन, अमा का सूचिभेद्य तमतोम यहाँ;
ध्वनि पर छोड़े तीर, कौन यह शब्द-बेध सन्धान करे?

'सूली ऊपर सेज पिया की,' दीवानी मीरा सो ले,
अपना देश वही देखेगा, जो अशेष बलिदान करे।

जीवन की जल गई फसल, तब उगे यहाँ दिल के दाने;
लहराएगी लता, आग बिजली का तो सामान करे!

सबकी अलग तरी अपनी, दो का चलना मिल साथ मना;
पार जिसे जाना हो, वह तैयार स्वयं जलयान करे।

फूल झड़े, अलि उड़े, वाटिका का मंगल-मधु स्वप्न हुआ,
दो दिन का है संग, हृदय क्या हृदयों से पहचान करे?

सिर देकर सौदा लेते हैं, जिन्हें प्रेम का रंग चढ़ा;
फीका रंग रहा तो घर तज क्या गैरिक परिधान करे?

उस पद का मंजीर गूँजता हो नीरव सुनसान जहाँ;
सुनना हो तो तज वसन्त निज को पहले वीरान करे?

मणि पर तो आवरण, दीप से तूफाँ में कब काम चला?
दुर्गम पंथ, दूर जाना है, क्या पंथी अनजान करे?

तरी खेलती रहे लहर पर, यह भी एक समाँ कैसा?
डाँड़ छोड़, पतवार तोड़कर तू कवि! निर्भय गान करे।

वसन्त के नाम पर

[1]

प्रात जगाता शिशु वसन्त को नव गुलाब दे-दे ताली;
तितली बनी देव की कविता वन-वन उड़ती मतवाली।

सुन्दरता को जगी देखकर जी करता मैं भी कुछ गाऊँ;
मैं भी आज प्रकृति-पूजन में निज कविता के दीप जलाऊँ;

ठोकर मार भाग्य को फोड़ूँ, जड़ जीवन तजकर उड़ जाऊँ।
उतरी कभी न भू पर जो छवि, जग को उसका रूप दिखाऊँ।

स्वप्न-बीच जो कुछ सुन्दर हो, उसे सत्य में व्याप्त करूँ।
और सत्य-तनु के कुत्सित मल का अस्तित्व समाप्त करूँ।

[2]

कलम उठी कविता लिखने को, अन्तस्तल में ज्वार उठा रे!
सहसा नाम पकड़ कायर का पश्चिम-पवन पुकार उठा रे!

देखा, शून्य कुँवर का गढ़ है, झाँसी की वह शान नहीं है।
दुर्गादास-प्रताप बली का प्यारा राजस्थान नहीं है।

जलती नहीं चिता जौहर की, मुट्ठी में बलिदान नहीं है।
टेढ़ी मूँछ लिये रण-वन फिरना अब तो आसान नहीं है।

समय माँगता मूल्य मुक्ति का, देगा कौन मांस की बोटी?
पर्वत पर आदर्श मिलेगा, खाएँ चलो घास की रोटी।

चढ़े अश्व पर सेंक रहे रोटी नीचे कर भालों को,
खोज रहा मेवाड़ आज फिर उन अल्हड़ मतवालों को।

[3]

बात-बात पर बजीं किरीचें, जूझ मरे क्षत्रिय खेतों में;
जौहर की जलती चिनगारी अब भी चमक रही रेतों में।

जाग-जाग ओ थार, बता दे, कण-कण चमक रहा क्यों तेरा।
बता रंच भर ठौर कहाँ वह, जिस पर शोणित बहा न मेरा?

पी-पी खून आग बढ़ती थी, सदियों जली होम की ज्वाला।
हँस-हँस चढ़े सीस साकल-से, बलिदानों का हुआ उजाला।

सुन्दरियों को सौंप अग्नि पर, निकले समय-पुकारों पर।
बाल, वृद्ध औ' तरुण बिहँसते खेल गए तलवारों पर।

[4]

हाँ, वसन्त की सरस घड़ी है, जी करता, मैं भी गाऊँ;
कवि हूँ, आज प्रकृति-पूजन में, निज कविता के दीप जलाऊँ।

क्या गाऊँ! सतलज रोती है, हाय! खिलीं बेलियाँ किनारे।
भूल गए ऋतुपति, बहते हैं, यहाँ रुधिर के दिव्य पनारे।

बहनें चीख रहीं रावी-तट, बिलख रहे बच्चे बेचारे,
फूल-फूल से पूछ रहे हैं, 'कब लौटेंगे पिता हमारे?'

ऊफ़, वसन्त या मदन-बाण है? वन-वन रूप-ज्वार आया है।
सिहर रही वसुधा रह-रहकर, यौवन में उभार आया है।

कसक रही सुन्दरी, 'आज मधु-ऋतु में मेरे कन्त कहाँ?'
दूर द्वीप में प्रतिध्वनि उठती, 'प्यारी और वसन्त कहाँ?'

प्रणति

[1]

कलम, आज उनकी जय बोल!
जला अस्थियाँ बारी-बारी
छिटकाई जिनने चिनगारी,
जो चढ़ गए पुण्य-वेदी पर लिये बिना गरदन का मोल।
कलम, आज उनकी जय बोल!

जो अगणित लघु दीप हमारे
तूफानों में एक किनारे,
जल-जलकर बुझ गए, किसी दिन माँगा नहीं स्नेह मुँह खोल!
कमल, आज उनकी जय बोल!

पीकर जिनकी लाल शिखाएँ
उगल रहीं लू-लपट दिशाएँ।
जिनके सिंहनाद से सहमी धरती रही अभी तक डोल!
कमल, आज उनकी जय बोल!

अन्धा चकाचौंध का मारा
क्या जाने इतिहास बेचारा?
साखी हैं उनकी महिमा के सूर्य, चन्द्र, भूगोल, खगोल।
कमल, आज उनकी जय बोल!

[2]

नमन उन्हें मेरा शत बार!
सूख रही है बोटी-बोटी,
मिलती नहीं घास की रोटी,
गढ़ते हैं इतिहास देश का, सहकर कठिन सुधा की मार।
नमन उन्हें मेरा शत बार!

अर्द्धनग्न जिनकी प्रिय माया,
शिशु विषण्ण-मुख, जर्जर-काया;
रण की ओर चरण दृढ़ जिनके, मन के पीछे करुण पुकार।
नमन उन्हें मेरा शत बार!

जिनकी चढ़ती हुई जवानी,
खोज रही अपनी कुरबानी,
जलन एक जिनकी अभिलाषा, मरण एक जिनका त्योहार।
नमन उन्हें मेरा शत बार!

दुखी स्वयं जग का दुःख लेकर,
स्वयं रिक्त सबको सुख देकर,
जिनका दिया अमृत जग पीता, कालकूट उनका आहार।
नमन उन्हें मेरा शत बार!

वीर, तुम्हारा लिये सहारा,
टिका हुआ है भूतल सारा,
होते तुम न कहीं तो कब को उलट गया होता संसार!
नमन तुम्हें मेरा शत बार!

चरण-धूलि दो, शीश लगा लूँ,
जीवन का बल-तेज जगा लूँ,
मैं निवास जिस मूक स्वप्न का, तुम उसके सक्रिय अवतार।
नमन तुम्हें मेरा शत बार!

[3]

आनेवालो, तुम्हें प्रणाम!
'जय हो, नव होतागण, आओ,
संग नई आहुतियाँ लाओ,
जो कुछ बने, फेंकते जाओ, यज्ञ जानता नहीं विराम।
आनेवालो, तुम्हें प्रणाम!

टूटी नहीं शिला की कारा,
लौट गई टकरा कर धारा,
सौ धिक्कार तुम्हें यौवन के वेगवन्त निर्झर उद्दाम!
आनेवालो, तुम्हें प्रणाम!

फिर डंके पर चोट पड़ी है,
मौत चुनौती लिये खड़ी है,
लिखने चली आग, अम्बर पर कौन लिखाएगा निज नाम?
आनेवालो, तुम्हें प्रणाम!

[4]

आगे आओ वीर जवान!
दिशा तप्त हो लरज़ रही है,
घटा क्रोध से गरज रही है,
लाल-लाल टुकड़े उड़ते हैं, उठा चाहता है तूफान।
आगे आओ वीर जवान!

दुस्तर पारावार अगम है,
सम्मुख शैल प्रांशु, दुर्गम है,
कोई, जो इन्हें लाँघकर करे आज दुर्जय अभियान?
आगे आओ वीर जवान!

क्षीण हुई जाती है लाली,
होम-शिखा है बुझनेवाली,
एक लपट के लिए सिद्धि है रुकी, करो नव स्नेह प्रदान।
आगे आओ वीर जवान!

मेघ-रन्ध्र में बजी रागिनी

सावधान हों निखिल दिशाएँ, सजग व्योमवासी सुरगण!
बहने चले आज खुल-खुलकर लंका के उनचास पवन।

हे अशेषफण शेष! सजग हो, थामो धरा, धरो भूधर,
मेघ-रन्ध्र में बजी रागिनी, टूट न पड़े कहीं अम्बर।

गूँजे तुमुल विषाण गगन में, गाओ, हे गाओ किन्नर!
उतरो भावुक प्रलय! भूमि पर आओ शिव! आओ सुन्दर!

बजे दीप्ति का राग गगन में, बजे किरण का तार बजे।
अघ पीनेवाली भीषण ज्वालाओं का त्यौहार सजे।

हिले 'आल्प्स' का मूल, हिले 'राकी', छोटा जापान हिले,
मेघ-रन्ध्र में बजी रागिनी, अब तो हिन्दुस्तान हिले।

चोट पड़ी भूमध्य-सिन्धु में, नील तटी में शोर हुआ;
मर्कट चढ़े कोट पर देखो, उठो, सिलारी! भोर हुआ;

हुआ विधाता वाम, 'जनेवा' बीच सुधी चकराते हैं।
बुझा रहे ज्वाला साँसों से, कर से आँच लगाते हैं।

'राइन'-तट पर खिली सभ्यता, 'हिटलर' खड़ा कौन बोले?
सस्ता खून यहूदी का है, 'नाजी' निज 'स्वस्तिक' धो ले।

ले हिलोर 'अतलान्त' भयंकर, जाग, प्रलय का बाण चला;
जाग प्रशान्त, कौन बोले, किस ओर आज तूफान चला?

'दजला'! चेत, 'फुरात' सजग हो, जाग-जाग जो शंघाई!
लाल सिन्धु बोले, किसपर यह घटा घुमड़ छाने आई।

बर्फों की दीवार खड़ी, ऊँचे-नीचे पर्वत ढालू,
तो भी पंजा पजा रहा है साइबेरिया का भालू।

'काबल' मूक, दूर 'यूरल' है, क्या भोली 'आमू' बोले?
उद्वेलित 'भूमध्य', स्वेज का मुख इटली कैसे खोले?

श्वेतानन स्वर्गीय देव हम! ये हब्शी रेगिस्तानी!
ईसा साखी रहें, ईसाई दुनिया ने बर्छी तानी।

सन् 1935 ई. में रक्तपिपासु इटैलियन फ़ॉसिस्टों के अबीसीनिया पर आक्रमण के अवसर पर लिखित।

दिल्ली

यह कैसी चाँदनी अमा के मलिन तमिस्त्र गगन में!
कूक रही क्यों नियति व्यंग्य से इस गोधूलि-लगन में?
मरघट में तू साज रही दिल्ली कैसे श्रृंगार?
यह बहार का स्वांग अरी, इस उजड़े हुए चमन में!

इस उजाड़, निर्जन खँडहर में,
छिन्न-भिन्न उजड़े इस घर में,
तुझे रूप सजाने की सूझी
मेरे सत्यानाश-प्रहर में!

डाल-डाल पर छेड़ रही कोयल मर्सिया-तराना,
और तुझे सूझा इस दम ही उत्सव हाय, मनाना;
हम धोते हैं घाव इधर सतलज के शीतल जल से,
उधर तुझे भाता है इनपर नमक हाय, छिड़काना!

महल कहाँ बस, हमें सहारा
केवल फूस-फास, तृणदल का;
अन्न न हों, अवलम्ब प्राण का
गम, आँसू या गंगाजल का;

यह विहगों का झुंड लक्ष्य है
आजीवन वधिकों के फल का;
मरने पर भी हमें कफन है
माता शैव्या के अंचल का।

गुलचीं निष्ठुर फेंक रहा कलियों को तोड़ अनल में,
कुछ सागर के पार और कुछ रावी-सतलज-जल में;
हम मिटते जा रहे, न ज्यों अपना कोई भगवान्।
यह अलका-छवि कौन भला देखेगा इस हलचल में?

बिखरी लट, आँसू छलके हैं,
देख, वन्दिनी है बिलखाती,
अश्रु पोंछने हम जाते हैं
दिल्ली! आह! कलम रुक जाती।

अरी, विवश हैं, कहो करें क्या?
पैरों में जंजीर हाय! हाथों—
में हैं कड़ियाँ कस जातीं।

और कहें क्या? धरा न धँसती,
हुंकरता न गगन संघाती;
हाय, वन्दिनी माँ के सम्मुख
सूत की निष्ठुर बलि चढ़ जाती।

तड़प-तड़प हम कहो करें क्या?
'बहै न हाथ, दहै रिसि छाती',
अन्तर ही अन्तर घलते हैं,
'भा कुठार कुंठित रिपुघाती।'

अपनी गरदन रेत-रेत असि की तीखी धारों पर
राजहंस बलिदान चढ़ाते माँ के हुंकारों पर।
पगली! देख, ज़रा कैसी मर मिटने की तैयारी?
जादू चलेगा न धुन के पक्के इन बनजारों पर।

तू वैभव-मद में इठलाती,
परकीया-सी सैन चलाती,
री ब्रिटेन की दासी! किसको
इन आँखों पर है ललचाती?

हमने देखा यहीं पांडु-वीरों का कीर्ति-प्रसार,
वैभव का सुख-स्वप्न, कला का महास्वप्न-अभिसार।
यहीं कभी अपनी रानी थी, तू ऐसे मत भूल,
अकबर, शाहजहाँ ने जिसका किया स्वयं श्रृंगार।

तू न ऐंठ मदमाती दिल्ली!
मत फिर यों इतराती दिल्ली!
अविदित नहीं हमें तेरी
कितनी कठोर है छाती दिल्ली!

हाय! छिनी भूखों की रोटी,
छिना नग्न का अर्द्ध वसन है;
मज़दूरों के कौर छिने हैं,
जिन पर उनका लगा दसन है;

छिनी सजी-साजी वह दिल्ली
अरी! बहादुरशाह 'ज़फ़र' की;

और छिनी गद्दी लखनऊ की
वाजिद अली शाह 'अख़्तर' की।

छिना मुकुट प्यारे 'सिराज' का,
छिना अरी, आलोक नयन का;
नीड़ छिना, बुलबुल फिरती है
वन-वन लिये चंचु में तिनका।

आहें उठीं दीन कृषकों की,
मज़दूरों की तड़प-पुकारें,
अरी! गरीबों के लोहू पर
खड़ी हुईं तेरी दीवारें।

अंकित है कृषकों के गृह में तेरी निठुर निशानी,
दुखियों की कुटिया रो-रो कहती तेरी मनमानी;
औ' तेरा दृग-मन्द यह क्या है? क्या न खून बेकस का?
बोल, बोल, क्यों लजा रही, ओ कृषक-मेध की रानी?

वैभव की दीवानी दिल्ली!
कृषक-मेध की रानी दिल्ली!
अनाचार, अपमान, व्यंग्य की
चुभती हुई कहानी दिल्ली!

अपने ही पति की समाधि पर
कुलटे! तू छवि में इतराती;
परदेसी-संग गलबाँही दे
मन में है फूली न समाती!

दो दिन ही के 'बाल-डांस' में
नाच हुई बेपानी दिल्ली!
कैसी यह निर्लज्ज नग्नता!
यह कैसी नादानी दिल्ली!

अरी, हया कर, है ज़ईफ़ यह खड़ा क़ुतुब-मीनार,
इबरत की माँ जामा भी है यहीं अरी! हुशियार!
इन्हें देखकर भी तो दिल्ली! आँखें आय फिरा ले,
गौरव के गुरु रो न पड़े, हा घूँघट ज़रा गिरा ले!

अरी, हया कर, हया अभागी!
मत फिर लज्जा को ठुकराती;
चीख न पड़ें क़ब्र में अपनी,
फट न जाए अकबर छाती;

हूक न उठे जहाँगिर-दिल में,
कूक न उठे क़ब्र मदमाती!
गौरव के गुरु को रो न पड़ें हा,
दिल्ली घूँघट क्यों न गिराती?

बाबर है, औरंग, यहीं है,
मदिरा औ' कुलटा का द्रोही,
बक्सर, पर मत भूल, यहीं है
विजयी शेरशाह निर्मोही।

अरी! सँभल, यह क़ब्र न फटकर कहीं बना दे द्वार!
निकल न पड़े क्रोध में लेकर शेरशाह तलवार!

समझाएगा कौन उसे फिर? अरी! सँभल नादान!
इस घूँघट पर आज कहीं मच जाए न फिर संहार!

ज़रा गिरा ले घूँघट अपना,
और याद कर वह सुख-सपना,
नूरजहाँ की प्रेम-व्यथा में
दीवाने सलीम का तपना;

गुम्बद पर प्रेमिका कपोती
के पीछे कपोत का उड़ना,
जीवन की आनन्द-घड़ी में
जन्नत की परियों का जुड़ना।

ज़रा याद कर, यहीं नहाती
थी मेरी मुमताज़ अतर में।
तुझ-सी तो सुन्दरी खड़ी
रहती थी पैमाना ले कर में।

सुख, सौरभ, आनन्द बिछे थे
गली, कूच, वन, वीथि, नगर में;
कहती जिसे इन्द्रपुर तू वह
तो था प्राप्त यहाँ घर-घर में।

आज आँख तेरी बिजली से कौंध-कौंध जाती है!
हमें याद उस स्नेह-दीप की बार-बार आती है।

खिलें फूल, पर, मोह न सकती
हमें अपरिचित छटा निराली;

इन आँखों में घूम रही
अब भी मुरझे गुलाब की लाली।

उठा कसक दिल में लहराता है यमुना का पानी,
पलकें जोग रहीं बीते वैभव की एक निशानी,
दिल्ली! तेरे रूप-रंग पर कैसे हृदय फँसेगा?
बाट जोहती खँडहर में हम कंगालों की रानी।

व्यक्ति

[1]

तुम एक अनल-कण हो केवल;
अनुकूल हवा लेकिन, पाकर,
छप्पर तक जा सकते उड़कर,
जीवन की ज्योति जगा सकते,
अम्बर में आग लगा सकते,
ज्वाला प्रचंड फैला सकती है छोटी-सी चिनगारी भी।

[2]

तुम फूल नहीं हो, शूल सही;
गुलचीं उपवन में आए जो,
फूलों पर हाथ लगाए जो,
पैरों में चुभ क्षत कर सकते,
उँगली में उसकी गड़ सकते,
तलवारें बजतीं जहाँ, वहाँ आती काँटों की बारी भी।

[3]

तुम कुछ भी नहीं, एक हिमकण;
माना, तुम कुछ भी नहीं, मगर,
चू सकते किसी सुमन-उर पर,
हलका-सा कम्पन ला सकते,
मिटकर तो दर्द जगा सकते;
मरते-मरते कुछ कर जाती नन्ही शबनम बेचारी भी।

पराजितों की पूजा

विजया का पूजन करते, जिनको जय का सामान नहीं,
गरज रहा आकाश, पराजय का पतितों को ध्यान नहीं।

क्या होगा भगवान्, हाल मिट्टी में पड़ी जवानी का?
इस किशोर खिलती ज्वाला का इस चढ़ते-से पानी का।
इस गोरा-बादल की माँ का, इस जौहर की रानी का?
इन हल्दी घाटी वालों का, इस कर्बला-गुमानी का?

कब्र खोद फिर से फूँकेगी क्या मुर्दों में जान नहीं?
दुर्गे! बोल, उठेगा रेतों से क्या राजस्थान नहीं?
किसी भाँति छुटती न छुड़ाए, सदियाँ विगत अनेक हुई,
लगी पुरानी जंग देवि! तलवार-म्यान मिल एक हुई।

युग-संचित इस तिमिर-पुंज को भेद, कौन बढ़ पाएगा?
देगा कौन रुधिर? इस तम में दीपक कौन जलाएगा?
जीवन का यह शाप! सेवते हम शैलों के मूल रहें;
बर्फें गिरें रोज़, बेबस खिलते-मुरझाते फूल रहें।

बँधी धार, अवरुद्ध प्रभंजन, वन-देवी श्रीजीन हुई;
एक-एक कर बुझीं शिखाएँ वसुधा वीर-विहीन हुई?
देवि! विफल क्यों नयन हाय, बिछुड़े वाहन को हेर रहे?
न थे आज मृगराज, विवश बन्दी बन कोल्हू पेर रहे।

जला करे साकेत, दशानन की लंका आबाद रहे,
विजय दूर जा बसे, इन्हें लेकिन, विजया की याद रहे।

[1935 ई.]

हिमालय

मेरे नगपति! मेरे विशाल!
साकार, दिव्य, गौरव विराट्!

पौरुष के पुंजीभूत ज्वाल!
मेरी जननी के हिम-किरीट!
मेरे भारत के दिव्य भाल!
मेरे नगपति! मेरे विशाल!

युग-युग अजेय, निर्बन्ध, मुक्त,
युग-युग गर्वोन्नत, नित महान;
निस्सीम व्योम में तान रहा
युग से किस महिमा का वितान?

कैसी अखंड यह चिर-समाधि?
यतिवर! कैसा यह अमर ध्यान?
तू महाशून्य में खोज रहा,
किस जटिल समस्या का निदान?

उलझन का कैसा विषम जाल!
मेरे नगपति! मेरे विशाल!

ओ मौन तपस्या-लीन यती!
पल भर को तो कर दुगुन्मेष,
रे! ज्वालाओं से दग्ध विकल,
है तड़प रहा पद पर स्वदेश!

सुख-सिन्धु, पंचनद, ब्रह्मपुत्र,
गंगा-यमुना की अमिय-धार;
जिस पुण्यभूमि की ओर बही
तेरी विगलित करुणा उदार।

जिसके द्वारों पर खड़ा क्रान्त
सीमापति! तूने की पुकार—
'पद-दलित इसे करना पीछे
पहले ले मेरा सिर उतार।'

उस पुण्यभूमि पर आज तपी
रे! आन पड़ा संकट कराल;
व्याकुल तेरे सूत तड़प रहे,
डस रहे चतुर्दिक् विविध व्याल।
मेरे नगपति! मेरे विशाल।

कितनी मणियाँ लुट गईं मिटा
कितना मेरा वैभव अशेष!
तू ध्यान-मग्न ही रहा, इधर
वीरान हुआ प्यारा स्वदेश।

कितनी द्रुपदा के बाल खुले,
कितनी कलियों का अन्त हुआ?
कह हृदय खोल चित्तौर यहाँ
कितने दिन ज्वाल-वसन्त हुआ?

पूछे, सिकताकण से हिमपति,
तेरा वह राजस्थान कहाँ?
वन-वन स्वतन्त्रता-दीप लिये
फिरने वाला बलवान कहाँ?

तू पूछ, अवध से राम कहाँ?
वृन्दा! बोलो, घनश्याम कहाँ?
ओ मगध! कहाँ मेरे अशोक?
वह चन्द्रगुप्त बलधाम कहाँ?

पैरों पर ही है पड़ी हुई
मिथिला भिखारिणी सुकुमारी,
तू पूछ, कहाँ इसने खोईं
अपनी अनन्त निधियाँ सारी?

री कपिलवस्तु! कह बुद्धदेव
के वे मंगल-उपदेश कहाँ?
तिब्बत, ईरान, जापान, चीन
तक गए हुए सन्देश कहाँ?

वैशाली के भग्नावशेष से
पूछ; लिच्छवी-शान कहाँ?

ओ री उदास गंडकी! बता,
विद्यापति कवि के गान कहाँ?

तू तरुण देश से पूछ, अरे!
गूँजा यह कैसा ध्वंस-राग?
अम्बुधि-अन्तस्तल-बीच छिपी
यह सुलग रही है कौन आग?

प्राची के प्रांगण-बीच देख,
जल रहा स्वर्ण-युग-अग्नि ज्वाल,
तू सिंहनाद कर जाग तपी!
मेरे नगपति! मेरे विशाल!

रे! रोक युधिष्ठिर को न यहाँ,
जाने दे उनको स्वर्ग धीर!
पर, फिरा हमें गांडीव-गदा,
लौटा दे अर्जुन-भीम वीर।

कह दे शंकर से आज करें,
वे प्रलय-नृत्य फिर एक बार;
सारे भारत में गूँज उठे,
'हर-हर-बम' का फिर महोच्चार।

ले अँगड़ाई उठ, हिले धरा,
कर निज विराट् स्वर में निनाद,
तू शैल-राट् हुंकार भरे,
फट जाय कुहा, भागे प्रमाद।

तू मौन त्याग, कर सिंहनाद,
रे तपी! आज तप का न काल,
नवयुग-शंख-ध्वनि जगा रही,
तू जाग-जाग मेरे विशाल!

आश्वासन

रो मत, अश्रु-घटा उमड़ी, उमड़े, रोना है पाप यहाँ,
जंजीरें मत गढ़े, अश्रु होगा तेरा अभिशाप यहाँ!

सेतु यहाँ कच्चे धागे का, सँभल-सँभल चलना होगा;
इस नगरी की चाल यही, साँचे में खुद ढलना होगा।

उनका नाम रहा जौहरवालों में, जो हँस आप जले;
हाँ, सिर पर हैं वही हिमालय पर चढ़ जो चुपचाप गले।

प्रह्लादों को जला सके जो, जग में ऐसा ताप नहीं;
अम्बरीष के लिए यहाँ दुर्वासा का अभिशाप नहीं।

कलियों पर जो पले, कुलिश की उनके लिए कहानी है;
नीलकंठ को नदी, सिन्धु, दोनों का मीठा पानी है।

बनकर शिखा चढ़े लंका पर, उनके हित रोना कैसा?
दीवानों के लिए भला जग का जादू-टोना कैसा?

जो अशेष जीवन देता है, उसे मरण-सन्ताप नहीं;
जलकर ज्वाला हुआ, उसे लगता ज्वाला का ताप नहीं।

अल्हड़ वही, ठेलकर धाराओं को जो प्रतिकूल चले,
तूफानों से लड़े सदा, झोंके-झोंके पर फूल चले।

यों तो अंचल पकड़ धार का सिन्धु सभी पा जाते हैं,
स्वर्ग मिलेगा उसे, खोजता जो गंगा का मूल चले।

ज्वाला में हँसनेवालों का छिटका पुण्य-प्रताप यहाँ;
रो मत, अश्रु-घटा उमड़ी, उमड़े, रोना है पाप यहाँ।

फूलों के पूर्वजन्म

प्रिय की पृथुल जाँघ पर लेटी करती थीं जो रँगरलियाँ,
उनकी कब्रों पर खिलती हैं नन्हीं जूही की कलियाँ।

पी न सका कोई जिनके नव अधरों की मधुमय प्याली,
वे भौंरों से रूठ झूमतीं बनकर चम्पा की डाली।

तनिक चूमने से शरमीली सिहर उठी जो सुकुमारी;
सघन तृणों में छिप, उग आई वह बन छुई-मुई प्यारी।

जिनकी अपमानित सुन्दरता चुभती रही सदा बन शूल,
वे जगती से दूर झूमती सूने में बनकर वन-फूल।

अपने बलिदानों से जग में जिनने ज्योति जगाई है,
उन पगलों के शोणित की लाली गुलाब में छाई है।

अबुध वत्स जो मरे हाय, जिनपर हम अश्रु बहाते हैं,
वे हैं मौन मुकुल अलबेले खिलने को अकुलाते हैं!

सिपाही

वनिता की ममता न हुई, सुत का न मुझे कुछ छोह हुआ।
ख्याति, सुयश, सम्मान, विभव का त्यों ही कभी न मोह हुआ।

जीवन की क्या; चहल-पहल है, इसे न मैंने पहिचाना;
सेनापति के एक इशारे पर मिटना केवल जाना।

मसि की तो क्या बात? गली की ठिकरी मुझे भुलाती है,
जीते-जी लड़ मरूँ, मरे पर याद किसे फिर आती है?

इतिहासों में अमर रहूँ, है ऐसी मृत्यु नहीं मेरी?
विश्व छोड़ जब चला, भुलाते लगती फिर किसको देरी?

जग भूले, पर मुझे एक, बस, सेवा-धर्म निभाना है,
जिसकी है यह देह, उसी में इसे मिला मिट जाना है।

विजय-विपट को विकच देख जिस दिन तुम हृदय जुड़ाओगे;
फूलों में शोणित की लाली कभी समझ क्या पाओगे?

वह लाली हर प्रात क्षितिज पर आकर तुम्हें जगाएगी
सायंकाल नमन कर माँ को तिमिर-बीच खो जाएगी।

देव करेंगे विनय, किन्तु, क्या स्वर्ग-बीच रुक पाऊँगा?
किसी रात चुपके उल्का बन कूद भूमि पर आऊँगा।

तुम न जान पाओगे, पर, मैं रोज खिलूँगा इधर-उधर,
कभी फूल की पंखुड़ियाँ बन, कभी एक पत्ती बनकर!

अपनी राह चली जाएगी वीरों की सेना रण में,
रह जाऊँगा मौन वृन्त पर, सोच, न जाने, क्या मन में?

तप्त वेग धमनी का बनकर कभी संग मैं हो लूँगा;
कभी चरण-तल की मिट्टी में छिपकर जय-जय बोलूँगा।

अगले युग की अनी कपिध्वज जिस दिन प्रलय मचाएगी,
मैं गरजूँगा ध्वजा-श्रृंग पर, वह पहचान न पाएगी।

'न्योछावर में एक फूल', पर, जग की ऐसी रीति कहाँ?
एक पंक्ति मेरी सुधि में भी, सस्ते इतने गीत कहाँ?

□

कविते! देखो, विजन विपिन में वन्य कुसुम का मुरझाना;
व्यर्थ न होगा इस समाधि पर दो आँसू-कण बरसाना।

कल्पना की दिशा

[किरणागम]

वर्षों पहले, एक दिवस उदयाचल
लाल हुआ जब ऊषा के आने से,
मुझे लगा, मन में जो लोहितवसना
आती थी, सम्मुख साकार वही है।

किसी रश्मि ने विशिख-वेग से आकर
खोल दिये अन्त:कपाट प्राणों के,
ऊषा की अरुणिमा दौड़ती आई
मुझमें भी, सर, शैल, भूमि पर जैसे।

पूरब की उद्भासित छिन्न घटाएँ
झलमल करने लगीं कनक-झालर-सी;
नयन मूँद देखा, ऐसे ही मुझमें
भावों के घन-खंड अनेक रँगे थे।

किरणों के भीतर कोई छिप-छिपकर
जगा रहा था मुझे गीत गाने को;

मुझे लगा, उस दिन ऊषा आई थी
बढ़ा कोटि कर मुझको उकसाने को।
धमनी में सन-सन-सा कुछ चलता था,
गरम हो रही थी लोहू की धारा।

[विभ्रम]

बहुत बार तब से मन के कानन में
आई हैं खेलने स्वर्ग की परियाँ,
अपनी ही वासना चाँदनी बन कर
बहुत बार आई है मुझे रिझाने।

आह! वासना की वे आकुलताएँ,
आना उनका कभी चाँदनी बनकर,
कभी कल्पना की डाली में खिलना
सुमन-वृन्त पर किसी परी के मुख-सा।

ध्यान-मग्न जन के आनन्द-गगन में
विधु-सा होना उदित केश छलकाए,
खड्ग-दीप्ति में रणारूढ़ सैनिक को
दिखलाना मृदु विभा प्रिया के मुख की!

कभी समर में हो अदृश्य शूरों के
श्रुति-पुट पर चुम्बन का नाद बजाना,
कभी तमिस्रा में विलासिनी-सी आ
क्लान्त शिराओं में जृम्भा फैलाना।

आना गीतों में मादकता बनकर
श्रुति-पथ के आलस्य प्राण में भरते,

जग में जीवन को यों छोड़ बहाना,
मन्द-वाहिनी सरि में एक कुसुम ज्यों,
मन्द पवन में अथवा सुरभि सुमन की।

[यज्ञोन्मुखी]

सन-सन-सा बज रहा रक्त में अब भी,
तप्त अभी भी है लोहू की धारा,
किन्तु, चरण दृढ़ जिधर आज हैं मेरे
चुम्बन की आवाज़ नहीं सुनता हूँ।

रंगों की दुनिया जो एक मिली थी,
मिट्टी को दी चढ़ा भेंट वह मैंने!
यज्ञारणि की कलम आज है कर में
सुप्रणीत सिद्धाग्नि जलाने वाली।

मैं क्या जानूँ, यज्ञ कौन फल देगा?
हरित शस्य या वृषभ पुष्ट बलशाली।
सुनता हूँ, जब याग पूर्ण होता है,
दोनों ही मिलते हैं यजमानों को।

महाश्चर्य! सन्दीप्ति भूल कर अपनी
सिंह भीत हो छिपा घनान्ध गुहा में;
जी करता है, इस कदर्य के मुख पर
मल दूँ लेकर मुट्ठी भर चिनगारी।

[महामानव की खोज]

ऊब गया हूँ देख चतुर्दिक् अपने
अजा-धर्म का ग्लानि-विहीन प्रवर्तन,

युग-सत्तम सम्बुद्ध पुनः कहता है,
ताप कलुष है, शिखा बुझा दो मन की।

मैं मनुष्य हूँ, दहन धर्म है मेरा;
मृत्ति साथ अग्निस्फुलिंग है, मुझमें;
तुम कहते हो 'शिखा बुझा दो', लेकिन,
आग बुझी, तो पौरुष शेष रहेगा?

शास्ता का यह वचन : 'द्रोह को छोड़ो,
मानव हो, तुम उठो मलों से ऊपर,
महामनोबल, शक्ति अजेय तुम्हारी,
दानव को जीतो तुम देव-गुणों से।'

एक हाथ की भिन्न-शक्ति रचनाएँ,
सुर होते कृशकाय, किरणवपु केवल;
नर के होतीं अस्थि, मांस, मज्जाएँ,
और आग-सी भी कुछ चीज़ लहू में।

गरल - द्रोह - प्रतिशोधमयी ज्वालाएँ
भरी हुईं हममें, पर, हम मानव हैं,
नरता, मानवता, पौरुष से बढ़कर
सुर में क्या गुण श्रेष्ठ, जिन्हें हम सीखें?

नर-जीवन सन्दीप्त विविध रागों से,
पल-पल नव संघर्ष, प्रश्न नित नूतन,
साक्षी है इतिहास, किन्तु संगर में
स्वर्ग हारता ही आया पृथ्वी से?

तृणाहार कर सिंह भले ही फूले
परमोज्ज्वल देवत्व-प्राप्ति के मद में;
पर, हिंस्रों के बीच भोगना होगा
नख-रद के क्षय का अभिशाप उसे ही।

जहाँ वक्र है धरा, कुटिल गति जल की,
जहाँ पंथ ऋजु, जल सीधा बहता है,
मानव का जीवन प्रवाह निर्झर का
द्विधा-रुद्ध हो तजता नहीं प्रगति को।

सम्मुख हैं दो पंथ मृत्तिमय नर के,
ज्वलित-प्राण योगी हो या कि विजेता;
वृथा जन्म, बैठी न अंक में जिसके
विबुध-भूमि या वीर-वधू वसुधा ही।

अन्वेषी मैं उस प्रचंड मानव का
चलता जो बाँहों पर स्वर्ग उठाए,
जिसकी साँसों पर नाचता प्रभंजन,
इंगित पर इतिहास बदल जाते हैं।

खोज रहा, पर कहीं नहीं मिलता है
वह, जो होगा घनीभूत ज्वाला-सा,
आहट-सी केवल उसकी पाता हूँ
कभी-कभी अपने ज्वलन्त छन्दों में।

ज्योतिर्मय अद्‌भुत मनुष्य वह, जिसके
स्मरणमात्र से मनस्तेज बढ़ता है,

मानस की कुत्सा निहीन जल जाती,
लहरा उठता लोल सिन्धु जीवन का।

वह मनुष्य जो रणारूढ़ होने पर
त्रस्नु धर्म का पृष्ठ नहीं खोलेगा;
द्विधा और व्यामोह घेरकर जिसको
मृषा तर्क से बाँध नहीं पाएँगे!

पोतेगा इतिहास नहीं पौरुष का
आँखों की कीचड़ से जो बलशाली,
क्लीव-धर्म का चित्र नहीं साजेगा
क्षमा-दया के सुघर बेल-बूटों से।

मैं उसका कवि, जो कि द्विभुज प्राणी को,
मानेगा समकक्ष चतुर्भुज सुर के,
स्वर्ग और पृथ्वी दोनों नत होकर
परित्राण-आशिष जिससे माँगेंगे।

मानवेन्द्र वह अग्रदूत धरणी का,
अमृत-कलशवाही, धर्म्मध्वजधारी,
वज्र-प्राण जिसके अन्तर में करुणा
छिपी हुई होगी गिरि में निर्झर-सी।

शैल-शिखर-सा प्रांशु, गम्भीर जलधि-सा,
दिनमणि-सा समदृष्टि, विनीत विनय-सा,
झंझा-सा बलवान, काल-सा क्रोधी,
धीर अचल-सा, प्रगतिशील निर्झर-सा।

जिस युग में, जिस देश, जाति या कुल में,
वर्तमान में या भविष्य-गह्वर में,
पुरुष विक्रमी हो वह जहाँ कहीं भी,
है नमस्य मेरा वह शीश-मुकुट-सा।

तकदीर का बँटवारा

है बँधी तकदीर जलती डार से,
आशियाँ को छोड़ उड़ जाऊँ कहाँ?
वेदना मन की सही जाती नहीं,
यह ज़हर लेकिन, उगल आऊँ कहाँ?

पापिनी कह जीभ काटी जाएगी,
आँख-देखी बात जो मुँह से कहूँ,
हड्डियाँ जल जाएँगी, मन मारकर
जीभ थामे मौन भी कैसे रहूँ?

तानकर भौहें, कड़कना छोड़कर
मेघ बर्फों-सा पिघल सकता नहीं,
शौक हो जिनको, जलें वे प्रेम से,
मैं कभी चुपचाप जल सकता नहीं।

बाँसुरी जनमी तुम्हारी गोद में
देश माँ, रोने-रुलाने के लिए,
दौड़कर आगे समय की माँग पर
जीभ-क्या? गरदन कटाने के लिए।

ज़िन्दगी दौड़ी नई संसार में,
खून में सबके रवानी और है;
और हैं लेकिन, हमारी किस्मतें,
आज भी अपनी कहानी और है।

हाथ की जिसकी कड़ी टूटी नहीं,
पाँव में जिसके अभी ज़ंजीर है;
बाँटने को हाय! तौली जा रही,
बेहया उस कौम की तकदीर है!

बेबसी में काँपकर रोया हृदय,
शाप-सी आहें गरम आईं मुझे;
माफ करना, जन्म लेकर गोद में,
हिन्द की मिट्टी! शरम आई मुझे!

गुदड़ियों में एक मुट्ठी हड्डियाँ,
मौत-सी ग़म की मलीन लकीर-सी।
कौम की तकदीर हैरत से भरी,
देखती टुक-टुक खड़ी तसवीर-सी।

चीथड़ों पर एक की आँखें लगीं,
एक कहता है कि मैं लूँगा ज़बाँ,
एक की ज़िद है कि पीने दो मुझे
खून जो इसकी रगों में है रवाँ!

खून! खूँ की प्यास, तो जाकर पियो
जालिमो, अपने हृदय का खून ही;
मर चुकी तकदीर हिन्दुस्तान की,
शेष इसमें एक बूँद लहू नहीं।

मुस्लिमो, तुम चाहते जिसकी ज़बाँ,
उस गरीबिन ने ज़बाँ खोली कभी?
हिन्दुओ, बोलो, तुम्हारी याद में,
कौम की तकदीर क्या बोली कभी?

छेड़ता आया ज़माना, पर कभी
कौम ने मुँह खोलना सीखा नहीं।
जल गई दुनिया हमारे सामने,
किन्तु, हमने बोलना सीखा नहीं।

ताब थी किसकी कि बाँधे कौम को
एक होकर हम कहीं मुँह खोलते?
बोलना आता कहीं तकदीर को,
हिन्दवाले आसमाँ पर बोलते!

खूँ बहाया जा रहा इनसान का
सींगवाले जानवर के प्यार में!
कौम की तकदीर फोड़ी जा रही
मस्जिदों की ईंट की दीवार में।

सूझता आगे न कोई पंथ है,
है घनी गफलत-घटा छाई हुई,
नौजवानो कौम के तुम हो कहाँ?
नाश की देखो घड़ी आई हुई।*

* सन् 1937 या '38 ई. में कांग्रेस और मुस्लिम लीग के बीच समझौता-वार्ता के विफल होने पर।

विपथगा

झन-झन-झन-झन-झन-झनन-झनन।
मेरी पायल झनकार रही तलवारों की झनकारों में,
अपनी आगमनी बजा रही मैं आप क्रुद्ध हुंकारों में;
मैं अहंकार-सी कड़क ठठा हँसती विद्युत् की धारों में,
बन काल-हुताशन खेल रही पगली मैं फूट पहाड़ों में;
अँगड़ाई में भूचाल, साँस में लंका के उनचास पवन।
झन-झन-झन-झन-झन-झनन-झनन।

मेरे मस्तक के छत्र-मुकुट वसु-काल-सर्पिणी के शत फण;
मुझ चिर-कुमारिका के ललाट में नित्य नवीन रुधिर-चन्दन;
आँजा करती हूँ चिता-धूम का दृग में अन्ध तिमिर-अंजन,
संहार-लपट का चीर पहन नाचा करती मैं छूम-छुनन;
झन-झन-झन-झन-झन-झनन-झनन।

पायल की पहली झनक, सृष्टि में कोलाहल छा जाता है;
पड़ते जिस ओर चरण मेरे, भूगोल उधर दब जाता है;
लहराती लपट दिशाओं में, खलभल खगोल अकुलाता है;
परकटे विहग-सा निरवलम्ब गिर स्वर्ग-नरक जल जाता है;

गिरते दहाड़ कर शैल-शृंग मैं जिधर फेरती हूँ चितवन।
झन-झन-झन-झन-झन-झनन-झनन।

रस्सी से कसे जवान पाप-प्रतिकार न जब कर पाते हैं,
बहनों की लुटती लाज देख कर काँप-काँप रह जाते हैं।
शस्त्रों के भय से जब निरस्त्र आँसू भी नहीं बहाते हैं,
पी अपमानों के गरल-घूँट शासित जब होठ चबाते हैं,
जिस दिन रह जाता क्रोध मौन, मेरा वह भीषण जन्म-लगन।
झन-झन-झन-झन-झन-झनन-झनन।

पौरुष को बेड़ी डाल पाप का अभय रास जब होता है,
ले जगदीश्वर का नाम खड्ग कोई दिल्लीश्वर धोता है।
धन के विलास का बोझ दुखी, दुर्बल, दरिद्र जब ढोता है,
दुनिया को भूखों मार भूप जब सुखी महल में सोता है,
सहती सब कुछ मन मार प्रजा, कसमस करता मेरा यौवन।
झन-झन-झन-झन-झन-झनन-झनन।

श्वानों को मिलते दूध-वस्त्र, भूखे बालक अकुलाते हैं,
माँ की हड्डी से चिपक, ठिठुर जाड़ों की रात बिताते हैं,
युवती के लज्जा-वसन बेच जब व्याज चुकाये जाते हैं,
मालिक जब तेल-फुलेलों पर पानी-सा द्रव्य बहाते हैं;
पापी महलों का अहंकार देता मुझको तब आमन्त्रण।
झन-झन-झन-झन-झन-झनन-झनन।

डरपोक हुकूमत जुल्मों से लोहा जब नहीं बजाती है,
हिम्मतवाले कुछ कहते हैं, तब जीभ तराशी जाती है।
उलटी चालें ये देख देश में हैरत-सी छा जाती है,

भट्ठी की ओदी आँच छिपी तब और अधिक धुँधुँआती है;
सहसा चिंग्घार खड़ी होती दुर्गा मैं करने दस्यु-दलन।
झन-झन-झन-झन-झन-झनन-झनन।

चढ़कर जनून-सी चलती हूँ मृत्युंजय वीर कुमारों पर;
आतंक फैल जाता कानूनी पालमेंट, सरकारों पर;
'नीरो' के जाते प्राण सूख मेरे कठोर हुंकारों पर;
कर अट्टहास इठलाती हूँ ज़ारों के हाहाकारों पर;
झंझा-सी पकड़ झकोर हिला देती दम्भी के सिंहासन।
झन-झन-झन-झन-झन-झनन-झनन।

मैं निस्तेजों का तेज, युगों के मूक-मौन की बानी हूँ;
दिल-जले शासितों के दिल की मैं जलती हुई कहानी हूँ;
सदियों की जब्ती तोड़ जगी, मैं उस ज्वाला की रानी हूँ;
मैं ज़हर उगलती फिरती हूँ; मैं विष से भरी जवानी हूँ;
भूखी बाघिन की घात क्रूर, आहत भुजंगिनी का दर्शन।
झन-झन-झन-झन-झन-झनन-झनन।

जब हुई हुकूमत आँखों पर, जनमी चुपके मैं आहों में,
कोड़ों की खाकर मार पली पीड़ित की दबी कराहों में;
सोने-सी निखर जवान हुई तप कड़े दमन के दाहों में;
ले जान हथेली पर निकली मैं मर-मिटने की चाहों में।
मेरे चरणों में खोज रहे भय-कम्पित तीनों लोक शरण।
झन-झन-झन-झन-झन-झनन-झनन।

असि की नोकों से मुकुट जीत अपने सिर उसे सजाती हूँ;
ईश्वर का आसन छीन, कूद मैं आप खड़ी हो जाती हूँ;

थर-थर करते कानून-न्याय, इंगित पर जिन्हें नचाती हूँ।
भयभीत पातकी धर्मों से अपने पग मैं धुलवाती हूँ।
सिर झुका घमंडी सरकारें करतीं मेरा अर्चन-पूजन।
झन-झन-झन-झन-झन-झनन-झनन।

मुझ विपथगामिनी को न ज्ञात, किस रोज़ किधर से आऊँगी,
मिट्टी से किस दिन जाग क्रुद्ध अम्बर में आग लगाऊँगी।
आँखें अपनी कर बन्द देश में जब भूकम्प मचाऊँगी,
किसका टूटेगा शृंग, न जाने, किसका महल गिराऊँगी।
निर्बन्ध, क्रूर, निर्मोह सदा मेरा कराल नर्तन-गर्जन।
झन-झन-झन-झन-झन-झनन-झनन।

अब की अगस्त की बारी है, पापों के पारावार! सजग;
बैठे 'विसूवियस' के मख पर भोले, अबोध संसार! सजग।
रेशों का रक्त कृशानु हुआ, ओ जुल्मी की तलवार! सजग।
दुनिया के 'नीरो', सावधान! दुनिया के पापी 'ज़ार'! सजग।
जाने, किस दिन फुंकार उठें पद-दलित काल सर्पों के फन।
झन-झन-झन-झन-झन-झनन-झनन।

[सासाराम, सन् 1938 ई.]

भविष्य की आहट

कल्पने, भावी हृदय से आज क्यों
फूटती खरतर भयंकर रागिनी?
फूँकता शृंगी भयानक आ रहा
कौन यह खोंसे जटा में नागिनी?

ऐंठती वसुधा प्रसव की पीर से,
स्वेदमय प्राची-दिशानन लाल है,
व्योम का अन्तर विकल निर्घोष से,
किस महारवि के उदय का काल है?

पूर्व की छाती फटी किस रोर से?
कालिमा भागी अचानक रात की।
खोलने हिमशृंग पर चढ़कर लगीं
रश्मियाँ क्या एशिया के प्रात की?

जाग, तीव्र-मरीचि मेरी कल्पने!
चीरकर तो देख भावी का हृदय,
किस महा-युग-देव की विपुला अनी
आ रही तम-लोक में बनकर उदय?

प्रचंड ज्योति-भीति से प्रकम्पिता निशा घनी;
अजेय तेज की चली विक्षब्ध सिन्धु-सी अनी;
अनन्त-भा किरीट में प्रलय शिखा सुहागिनी,
किशोर भानु नेत्र में, ललाट-मध्य नागिनी।

अनन्तरश्मि कल्पने! विरूप को जिहार ले;
विनाश-दीप साज सृष्टि-आरती उतार ले!

विषाण के निनाद से दिशा सभीत मौन री।
विशाल पूर्व व्योम में विभा प्रसन्न कौन री?

अखंड पाद-चाप ने सचेत शैल को किया;
चिंग्घार सिंहिनी जगी, जगी विराट एशिया।

चूमता बढ़-बढ़ हिमालय व्योम को,
हिन्दसागर है निनादित रोर से;
सिन्धु से 'दजला' मिली 'भागीरथी'
फूलती पा प्रेम 'येलो'-ओर से।

किस अनागत लग्न की महिमा अरी,
कीर्ण पुण्य-प्रकाश नव उत्कर्ष का;
दे रहा सन्देश पीड़ित विश्व को
शृंग चढ़ जय-शंख भारतवर्ष का।

आज सिंहासन हिला विश्वेश का,
दुन्दुभी बजती तुमुल आकाश में;
सिन्धु से शैलेश तक कम्पन हुआ,
भूमि रोमांचित हुई उल्लास में।

धूल से उठ वीर उगते जा रहे
थार के सन्तप्त उर में फूल-से;
उठ रहीं गौरव-ध्वजाएँ मौर्य की,
ज्योति फूटी बोधि-तरु के मूल से।

सूतिका पावन तपोवन-सुन्दरी
वक्ष का देती सुधोपम क्षीर है;
चिर-तृषाकुल विश्व-शिशु पीता समुद्र;
जा रही मिटती युगों की पीर है।

चीख सुन दुःखार्त्त पीड़ित विश्व की
हर्म्य का अन्तर अतीव उदास है;
काट कुंचित केश निज असि से स्वयं
ले रहा तारुण्य फिर संन्यास है।

शैल श्रृंगों पर गुहा में, सिन्धु में,
कन्दरा, बीहड़ वनों को झेलते;
खोजते कल्याण व्याकुल विश्व का
प्राण पर योगी तरुण नित खेलते।

आज कम्पित मूल क्यों संसार का?
अथ का दानव भयाकुल मौन है;
झोंपड़ी हँस चौंकती, वह आ रहा
साम्य की वंशी बजाता कौन है?

कौन तू, बोले विधायक, कौन है?
हिल रहा भू का हृदय पद-चाप से,

दीनता का रक्त पी जो-जो बढ़े,
आज पल-पल काँपते वे पाप से।

शंख ले तारुण्य गिरि चढ़ फूँकता—
'आ प्रभंजन! ध्वस्त हो वन की जरा;
अट्टहासी! आ, विकट युगदेव! आ,
जोहती रण-क्लान्त पंथ वसुन्धरा।

साधना और द्विधा

थी रात जब अलसा रही भू पर वसन्ती चाँदनी,
पुरवा चली जब आ रही थी दूर निद्रा-लोक से।

वन के किसी सुनसान में निज हाथ में मुरली लिये,
बैठा पुलिन पर तब कहीं कवि साधना में लीन था।

धुल चाँदनी से थी बिछी दूर्वा तटी के स्वप्न-सी,
जब-तब द्रुमों की डालियाँ हिलतीं दिशा के मौन में।

थी ऊँघती सुषमा कली पर, किसलयों की गोद में,
सारा विपिन था रम्य दिव के ग्रीष्म-शयनागार-सा।

सहसा महावाणी हुई अवतीर्ण भू पर स्वर्ग से,
कवि के समक्ष खड़ी हुई अपने अनावृत रूप में।

खुल-से गये कवि-नेत्र, वंशी गुनगुनाने-सी लगी;
कम्पित हुआ जल प्राण का अनुभूति की हिलकोर से।

लहरा उठी नव चेतना गिरि से तृणों के मूल तक,
ललचा उठे सब गीत में अमरत्व पाने के लिए।

"इन सम्पुटों में कौन छवि, जिसको नहीं हम खोलतीं?
गाओ उसे भर गीत में"—यों बाल-कलियों ने कहा।

'जिसके लिए घर से चली कवि! धूल वन-वन छानती,
वह प्राणवल्लभ है कहाँ?" कह निर्झरी रोने लगी।

गिरि ने दरी-मुख से कहा, "दृष्टा! कहो, मेरी व्यथा,
वह कौन विस्मय है, जिसे मैं देखकर निर्वाक् हूँ?"

बोले नखत, "जलते विफल हम किस निठुर की राह में?
हर प्रात बनकर ओस चू पड़ते पिघल किस पीर से?"

"शिव-कंठ से नीचे न जा पाया हलाहल सिन्धु का;
मैंने पिया रस घूँट भर संसार का, औ' जल गया।

मेरे हृदय-पीयूष-घट (शुभ्रांशु) में दूषण लगा।"
नभ ने कहा, "बोलो कवे! कितना गरल है विश्व में?"

तब लड़खड़ाती-सी हवा पर दूर लोकारण्य से
आई प्रतिध्वनि गूँजती-सी क्षीण हाहाकार की।

"नीचे बिछी पृथ्वी, तना ऊपर वियत भगवान् का,
पर, इस भरे जग में गरीबों का हितू कोई नहीं।

चढ़ती किसी की बूट पर पालिश किसी के खून की,
जीवित मरालों की चिता है सभ्यता की गोद में।"

जिस रूप की झाँकी लिये कलियाँ अभी तक बन्द हैं,
हैं ढूँढ़ती फिरतीं जिसे नदियाँ विकल संसार में;

जिसके विराट् रहस्य को लख शैल युग से मौन हैं,
निर्दोष हंसों की पुरी जलती उसी के सामने।

शत कंठ ले वंशी प्रतीक्षा कर रही आदेश की;
विस्मित, चकित है, किन्तु कवि निर्वाक् तब से शैल-सा।

कविता का हठ

"बिखरी लट, आँसू छलके, यह सस्मित मुख क्यों दीन हुआ?
कविते! कह, क्यों सुषमाओं का विश्व आज श्रीहीन हुआ?

सन्ध्या उतर पड़ी उपवन में? दिन-आलोक मलीन हुआ?
किस छाया में छिपी विभा? शृंगार कहाँ उड्डीन हुआ?

इस अविकच यौवन पर रूपसि, बता, श्वेत साड़ी कैसी?
आज असंग चिता पर सोने की यह तैयारी कैसी?

आँखों में जलधार, हिचकियों-पर-हिचकी जारी कैसी?
अरी, बोल, तुझपर विपत्ति आई यह सुकुमारी! कैसी?"

यों कहते-कहते मैं रोया, रुद्ध हुई मेरी वाणी,
ढार मार रो पड़ी लिपट कर मुझसे कविता कल्याणी—

"मेरे कवि! मेरे सुहाग! मेरे राजा! किस ओर चले?
चार दिनों का नेह लगा रे छली! आज क्यों छोड़ चले?

"वन-फूलों से घिरी कुटी क्यों आज नहीं मन को भाती?
राज-वाटिका देख तुम्हारी दृष्टि हाय, क्यों ललचाती?

"करुणा की मैं सुना बिना पतझर कैसे जी पाऊँगी?
कवि! वसन्त मत बुला, हाय, मैं विभा-बीच खो जाऊँगी।

"खँडहर की मैं दीन भिखारिन, अट्टालिका नहीं लूँगी,
है सौगन्ध, तुम्हारे सिर पर रखने मुकुट नहीं दूँगी।

"तुम जाओगे उधर, इधर मैं रो-रो दिवस बिताऊँगी;
खँडहर में नीरव निशीथ में रोऊँगी, चिल्लाऊँगी।

"व्योम-कुंज की सखी कल्पना उतर सकेगी धूलों में?
नरगिस के प्रेमी कवि ढूँढ़ेंगे मुझको वन-फूलों में?

"हँस-हँस कलम-नोक से चुन रजकण से कौन उठाएगा?
ठुकराई करुणा का कण हूँ, दिल में कौन बिठाएगा?

"जीवन-रस पीने को देगा, यहाँ कौन ऐसा दानी?
उर की दिव्य व्यथा कह अपनाएगी दुनिया दीवानी?

"गौरव के भग्नावशेष पर जब मैं अश्रु बहाऊँगी?
कौन अश्रु पोंछेगा, पल भर कहाँ शान्ति मैं पाऊँगी?

"किसके साथ कहो खेलूँगी दूबों की हरियाली में?
कौन साथ मिलकर रोएगा नालन्दा-वशाली में?

"कुसुम पहन मैं लिये विपंची घूमूँगी यमुना-तीरे,
किन्तु, कौन अंचल भर देगा चुन-चुन धूल-भरे हीरे?

"तेरे कंठ-बीच कवि! मैं बनकर युग-धर्म पुकार चुकी,
प्रकृति-पक्ष ले रक्त-शोषिणी संस्कृति को ललकार चुकी।

"वार चुकी युग पर तन-मन-धन; अपना लक्ष्य विचार चुकी,
कवे! तुम्हारे महायज्ञ का साकल कर तैयार चुकी।

"उठा अमर तूलिका, स्वर्ग का भू पर चित्र बनाऊँगी,
अमापूर्ण जग के आँगन में आज चन्द्रिका लाऊँगी,

"रुला-रुला आँसू में धो जगती की मैल बहाऊँगी,
अपनी दिव्य शक्ति का परिचय भूतल को बतलाऊँगी!

"तू सन्देश वहन कर मेरा, महागान मैं गाऊँगी,
एक विश्व के लिए लाख स्वर्गों को मैं ललचाऊँगी!

"ढोऊँगी मैं सुयश तुम्हारा, बन नवीन युग की वाणी,
ग्लानि न कर, सहचरी तुम्हारी हूँ मैं भावों की रानी।"

[सन् 1934 ई.]

परिचय

सलिल-कण हूँ कि पारावार हूँ मैं?
स्वयं छाया, स्वयं आभार हूँ मैं।
बँधा हूँ, स्वप्न है, लघु वृत्त में हूँ,
नहीं तो व्योम का विस्तार हूँ मैं।

समाना चाहती जो बीन-उर में,
विकल वह शून्य की झंकार हूँ मैं।
भटकता, खोजता हूँ ज्योति तम में,
सुना है, ज्योति का आगार हूँ मैं।

जिसे निशि खोजती तारे जलाकर,
उसी का कर रहा अभिसार हूँ मैं।
जनम कर मर चुका सौ बार लेकिन,
अगम का पा सका क्या पार हूँ मैं?

कली की पंखड़ी पर ओस-कण में
रँगीले स्वप्न का संसार हूँ मैं;
मुझे क्या, आज ही या कल मरूँ मैं?
सुमन हूँ, एक लघु उपहार हूँ मैं।

जलद हूँ, दर्द हूँ, दिल की कसक हूँ,
किसी का हाय, खोया प्यार हूँ मैं।
गिरा हूँ भूमि पर नन्दन-विपिन से,
अमर-तरु का सुमन सुकुमार हूँ मैं।

मधुर जीवन हुआ कुछ प्राण! जब से
लगा ढोने व्यथा का भार हूँ मैं,
रुदन ही एक पथ प्रिय का, इसी से,
पिरोता आँसुओं का हार हूँ मैं।

मुझे क्या गर्व हो अपनी विभा का?
चिता का धूलि-कण हूँ, क्षार हूँ मैं;
पता मेरा तुम्हें मिट्टी कहेगी,
समा जिसमें चुका सौ बार हूँ मैं।

न देखे विश्व पर मुझको घृणा से,
मनुज हूँ सृष्टि का शृंगार हूँ मैं;
पुजारिन! धूलि से मुझको उठा लो,
तुम्हारे देवता का हार हूँ मैं।

सुनूँ क्या सिन्धु! मैं गर्जन तुम्हारा?
स्वयं युग-धर्म का हुंकार हूँ मैं;
कठिन निर्घोष हूँ भीषण अशनि का,
प्रलय-गांडीव की टंकार हूँ मैं।

दबी-सी आग हूँ भीषण क्षुधा की,
दलित का मौन हाहाकार हूँ मैं;

सजग संसार, तू निज को सँभाले,
प्रलय का क्षुब्ध पारावार हूँ मैं।

बँधा तूफान हूँ, चलना मना है;
बँधी उद्दाम निर्झर-धार हूँ मैं;
कहूँ क्या, कौन हूँ? क्या आग मेरी?
बँधी है लेखनी, लाचार हूँ मैं।

[सन् 1935 ई.]

●●●